Der Bewegungskindergarten

Pädagogische Ansätze auf einen Blick

Der Bewegungskindergarten

Renate Zimmer

Der Bewegungs-Kindergarten

HERDER

FREIBURG · BASEL · WIEN

MIX
Paper from responsible sources
FSC® C010798

www.herder.de

Umschlaggestaltung: Arnold & Domnick, Leipzig
Umschlagkonzeption: SchwarzwaldMädel, Simonswald
Umschlagfoto und Fotos im Innenteil: © Renate Zimmer

Satz: Röser MEDIA GmbH & Co. KG

Herstellung: Graspo CZ, Zlín
Printed in the Czech Republic

ISBN (Print) 978-3-451-39270-2
ISBN E-Book (PDF) 978-3-451-82640-5
ISBN E-Book (EPUB) 978-3-451-82642-9

Inhalt

Einleitung

Noch nie hatten Kinder so viele Sachen zum Spielen. Noch nie gab es so viele Einrichtungen, die sich um ihre Freizeit, ihre musischen und sportlichen Aktivitäten kümmern. Auf der anderen Seite waren Kinder noch nie so arm an Möglichkeiten, sich im Alltag ihre Umwelt mit allen Sinnen und ihrem Körper zu erschließen.

Frei verfügbare Spiel- und Bewegungsräume sind kaum mehr vorzufinden. Dagegen wächst der Einfluss der Medien, auch die Technisierung und Motorisierung nehmen im Alltag zu. Bereits Kleinkinder verbringen den Tag vorwiegend im Sitzen. Die Folgen sind unverkennbar: Immer häufiger leiden Kinder schon vor dem Eintritt in die Schule an Übergewicht, an Beeinträchtigungen der Wahrnehmungsfähigkeit, an Konzentrationsmangel. Besonders betroffen sind Kinder, die aus Familien mit eingeschränktem Wohnraum und schwierigen sozio-ökonomischen Verhältnissen kommen.

Kindertageseinrichtungen als erste öffentliche Erziehungsinstitution außerhalb der Familie tragen in diesem Zusammenhang eine besondere Verantwortung. Hier ist es am ehesten möglich, zivilisationsbedingten Bewegungsmangel auszugleichen und Kindern täglich Raum und Gelegenheit für eine ganzheitliche Entwicklung zu geben, die auch Erfahrungen mit dem Körper und mit allen Sinnen umfasst.

Bewegung spielt in jeder Kindertageseinrichtung eine Rolle – sie ist ein elementarer Bildungsbereich, der in der pädagogischen Konzeption berücksichtigt werden muss. Einige Einrichtungen wollen allerdings mehr tun, um ganz bewusst einen Akzent auf Bewegung zu setzen und damit negativen Entwicklungstendenzen entgegenzuwirken oder ganz einfach Kindern die Chance auf einen aktiven, lebendigen, bewegungsfreudigen Alltag zu geben; und zwar ganz unabhängig von den Möglichkeiten, die das Kind durch sein Elternhaus erfährt. So haben viele Einrichtungen in den vergangenen Jahren ein individuelles eigenes Profil entwickelt, das einen Schwerpunkt zugunsten von Bewegung, Sinneserfahrung und naturnahem Spielen aufweist. Es entstanden unter anderem Konzeptionen wie der „Waldkindergarten“, der „Naturkindergarten“ oder die „Psychomotorische Kindertageseinrichtung“. Beeinflusst war diese Entwicklung auch von den positiven Erfahrungen, die in den Nachbarländern Deutschlands, in Norwegen, Dänemark und Schweden, mit dem selbstverständlichen Aufenthalt der Kinder in der Natur, draußen, zu jeder Jahreszeit und Witterung gewonnen wurden.

In Deutschland kam es vor allem in Kooperation mit Sportverbänden und Sportvereinen zur Gründung von Bewegungskindergärten. Sie erfahren derzeit einen großen Zuspruch, in den einzelnen Bundesländern unterstützen auch die Bildungs- und Kultusministerien die Initiativen, die einerseits von den Sportorganisationen, andererseits aber auch von Kindertageseinrichtungen selbst ausgehen.

Gemeinsames Ziel ist es, die Bedeutung von Bewegung für die Gesundheit, aber auch für die Entwicklung und Bildung der Kinder hervorzuheben.

Die Bedeutung von Bewegung für die kindliche Entwicklung, für das Lernen und den Erwerb grundlegender Kompetenzen ist auch von der Wissenschaft aufgegriffen und mit empirischen Belegen untermauert worden. Auf der Basis der Erkenntnisse aus Pädagogik und Psychologie sind theoretische Grundlagen für die didaktische Planung und Gestaltung von Bewegungsangeboten erarbeitet worden, auch für die Praxis der Bewegungserziehung wurden in den letzten Jahren zahlreiche Fachveröffentlichungen publiziert.

So sind also gute Voraussetzungen geschaffen worden, damit Kindertageseinrichtungen aus unterschiedlichen Trägerlandschaften für sich selbst ein individuelles Konzept erarbeiten können, das ganz auf ihre Bedürfnisse und die der betreuten Kindern und ihrer Eltern abgestimmt ist.

Die meisten pädagogischen Fachkräfte sind sich der Bedeutung von Bewegung für die gesunde Entwicklung eines Kindes bewusst. Die Bewegungsbedürfnisse der Kinder werden sowohl bei der Raumgestaltung als auch bei den täglichen Angeboten mehr als früher berücksichtigt. Dennoch stellt sich die Frage, ob die Angebote eines Regelkindergartens ausreichen, um die Bewegungsarmut unserer alltäglichen Lebenswelt auszugleichen und den vielfältigen Möglichkeiten einer Entwicklungsförderung durch Wahrnehmung und Bewegung gerecht zu werden.

Im pädagogischen Konzept des Bewegungskindergartens werden Wahrnehmung und Bewegung als elementare Erkenntnis- und Ausdrucksmöglichkeiten des Kindes betrachtet und in den Mittelpunkt der pädagogischen Arbeit gestellt. Ziel ist es, Kindern mehr Raum für Bewegung und für Sinneserfahrungen zu verschaffen, ihre elementaren Bedürfnisse stärker als bisher zu berücksichtigen und zudem das Bildungspotenzial von Bewegung zu nutzen.

Dieses Buch ist als Leitfaden und Unterstützung für pädagogische Fachkräfte gedacht, die ihrer Kindertageseinrichtung das Profil eines Bewegungskindergartens geben wollen. Nach einem Überblick über die Entstehungsgeschichte des Bewegungskindergartens und seiner Weiterentwicklung geht es zunächst um die Bedeutung von Bewegung für die kindliche Entwicklung. Der in den Bildungs- und Orientierungsplänen aufgeführte Bildungsbereich »Bewegung« wird beschrieben und die Verbindung zu anderen Bildungsbereichen wie Sprache aufgezeigt. Im Zentrum des Buches steht das pädagogische Konzept des Bewegungskindergartens, wie es von der Verfasserin in zahlreichen Veröffentlichungen begründet und beschrieben worden ist. Es basiert auf der anthropologischen Vorannahme des Kindes als Bewegungswesen und dem Verständnis von Bildung als aktive Aneignung der Welt. Dieses Konzept wird mit seinen theoretischen Grundlagen erläutert und in seinen Kern-Annahmen beschrieben, um darauf aufbauend Bausteine eines Bewegungskindergartens abzuleiten – beides zusammen kann die Grundlage für die Erstellung einer individuellen Konzeption des Bewegungskindergartens darstellen.

Dabei spielt auch die Frage nach der Qualität eine wichtige Rolle. Nach einer kurzen Übersicht über die Dimensionen der Qualität, die im allgemeinen fachwissenschaftlichen Diskurs Geltung haben, werden Beispiele aus verschiedenen Bundesländern zur Formulierung von Qualitätssiegeln und Gütekriterien vorgestellt, die die Grundlage für eine Zertifizierung der Einrichtungen als „Bewegungskindergarten“ oder als „Bewegungsfreundliche Kita“ bilden. Diese Kriterien werden durch weitere, eher prozessorientierte Merkmale von Qualität, die in einem Bewegungskindergarten von Bedeutung sind, ergänzt.

Das Buch will pädagogischen Fachkräften Mut machen, mehr Bewegung in den Kita-Alltag zu bringen und den Schritt zu einem „Bewegungskindergarten“ zu wagen. Zugleich erhalten die Leserinnen und Leser Anregungen für die Erstellung einer pädagogischen Konzeption auf der Grundlage eines theoretisch fundierten Konzepts unter Berücksichtigung der Rahmenbedingungen der jeweils eigenen Einrichtung.

Möge das Buch dazu beitragen, dass Spiel und Bewegung als unersetzliche elementare Grundprinzipien der pädagogischen Arbeit in Kindertageseinrichtungen an Bedeutung gewinnen, dass ihr Bildungswert erkannt und ihre Rolle beim Erreichen wichtiger Bildungsziele wie Autonomie, Selbstständigkeit und Kompetenzentwicklung der Kinder noch stärker berücksichtigt wird. Vor allem soll es dabei unterstützen, Kindern eine unbeschwerte, freudvolle, bewegte Kindheit zu ermöglichen.

Renate Zimmer

1 Wie alles anfing: Ein Blick in die Geschichte des Bewegungskindergartens

Den Anfang auf dem Weg zum Bewegungskindergarten machten in Deutschland die Sportvereine und -verbände. Ihr Anliegen war es schon vor vielen Jahren, für mehr Bewegung in Kindergärten zu sorgen. So nahm die Deutsche Sportjugend schon früh kritisch Stellung zu der aus ihrer Sicht mangelhaften Ausbildung von pädagogischen Fachkräften im Bereich Bewegung und Bewegungserziehung und der entsprechend geringen Beachtung der kindlichen Bewegungsbedürfnisse in den Kindertageseinrichtungen. Obwohl immer schon aktive, neugierige Kinder mit einem hohen Bewegungsbedürfnis den Kindergarten besuchten, war der Kita-Alltag jedoch vor allem durch häufige sitzende Tätigkeiten, durch Stuhlkreisspiele oder Bastelaktivitäten bestimmt. Dazu kam die räumliche Enge: Die Gruppenräume waren meist mit Tischen und Stühlen vollgestellt, denn für jedes Kind musste ein Sitzplatz an einem Tisch vorhanden sein (Deutsche Sportjugend 1975).

Fortschrittliche Pädagoginnen und Pädagogen forderten damals als Mindeststandard sogenannte »Bewegungsecken« im Gruppenraum, die für Bewegungsspiele genutzt werden konnten (Marona 1994, S. 133f.). Die Sportorganisationen appellierten an die Träger, mehr Möglichkeiten für Bewegung im Kindergarten zu schaffen, und sie forderten die Fachschulen für Sozialpädagogik dazu auf, die bewegungspädagogische Ausbildung zukünftiger Erzieherinnen und Erzieher zu verbessern. In diese Zeit fällt die Gründung der ersten »Sportkindergärten«, die sich im Laufe der Jahre in unterschiedliche Modelle und Konzepte ausdifferenzierten.

1.1 Kooperationen zwischen Sportvereinen und Kindergärten

Der erste Sportkindergarten entstand 1972 in Freiburg. Träger war die „Freiburger Turnerschaft“, ein Verein für Turnen, Spiel und Sport. Anliegen der Verantwortlichen des Vereins war es, die Bewegungsentwicklung der Kinder in der vorschulischen Erziehung stärker zu fördern und durch vielfältige Sportangebote zu stützen. Dabei sollten die räumlichen und personellen Ressourcen eines größeren Sportvereins für die Verbesserung der Bewegungsangebote im Kindergarten genutzt werden.

Wenig später wurde der „Sport- und Spielkindergarten des Osnabrücker Turnerbundes“ gegründet. Der Verein „Osnabrücker Turnerbund“ legte einen Schwerpunkt auf Bewegungs- und Sportangebote für Familien und jüngere Kinder: Schwangerschaftsschwimmkurse, Babyschwimmen, Mutter-Kind-Turnen, Bewegung und Spiel für Kinder im vorschulischen Alter, Rollschuhlaufen und Tanzen für Kinder, Psychomotorikgruppen – nur selten gab es zu dieser Zeit Vereine, die so eindeutig Kinder und junge Eltern als Zielgruppe hatten. Da lag es nahe, dass einige engagierte Vereinsmitglieder zusammen mit dem Vorstand auf die Idee kamen, noch etwas mehr für die Entwicklungsförderung von Kindern zu tun. Häufig war von den Sportorganisationen bemängelt worden, dass das Bewegungsangebot in den Kindergärten aufgrund der räumlichen Voraussetzungen und fehlender Geräte unbefriedigend war (Deutsche Sportjugend 1975). An diesem Punkt wollten die Verantwortlichen des Vereins Abhilfe schaffen. War doch alles, was Kinder für Bewegung brauchten, in räumlicher und materieller Hinsicht bereits vorhanden. Warum sollten diese idealen Voraussetzungen – Turnhallen, ein Schwimmbad, ein Tanzraum, eine Rollschuhhalle, eine Vielzahl an Sport- und Bewegungsgeräten – nicht genutzt werden, um Kindern einen bewegteren Kita-Alltag zu bieten?

In unmittelbarer Nachbarschaft der Gebäude des Sportvereins wurde so ein Spiel- und Sportkindergarten gebaut. Das Interesse der Öffentlichkeit an dem neu errichteten Kindergarten war groß, ebenso die Nachfrage nach Kindergartenplätzen. Die Konzeption des Kindergartens wurde bei der Gründung folgendermaßen beschrieben: „Spielkindergarten bedeutet, dass die Kinder wie in jedem anderen Kindergarten spielen und beschäftigt werden. Sie werden über das Freispiel hinweg zu musischen und manuellen Tätigkeit angeregt und pädagogisch gefördert. Neben aller Freiheit lernen sie eine gewisse Ordnung und das Leben miteinander. Sportkindergarten heißt, dass die Kinder sich täglich eine halbe bis eine Stunde sportlich betätigen und ihren Bewegungsdrang entfalten können und dürfen. So werden die Kinder von ausgebildeten Fachkräften in rhythmischer Gymnastik, Schwimmen, Rollsport und im allgemeinen Turnen angeleitet. Es wird keinerlei Zwang ausgeübt, denn die Kinder sollen ja Freude an der sportlichen Betätigung haben und behalten" (aus der Festzeitung »20 Jahre Spiel- und Sportkindergarten«).

Das pädagogische Konzept des Kindergartens folgte dem in den 1970er Jahren dominierenden Verständnis der Bewegungserziehung, das auf die Vermittlung sportmotorischer Fertigkeiten ausgerichtet war. Ausgehend von der These, dass es notwendig sei, grundlegende motorische Fähigkeiten auszubilden und zu üben, wurde die Förderung der Grundformen der Bewegung angestrebt. Kinder sollten sich bereits in frühen Lebensjahren in diesen auch als »Grundtätigkeiten« bezeichneten Bewegungsformen üben, da hierauf die sportliche Fertigkeitsentwicklung aufbaue (Diem 1980).

Diese Akzentuierung trat dann in den folgenden Jahren in den Hintergrund. Statt einer Erziehung zum Sport wurden zunehmend die weitreichenden pädagogischen Möglichkeiten bewusst, die sich mit der Bewegungsförderung verbinden. Bewegung wurde als wichtiges Mittel der Entwicklungsförderung von Kindern erkannt und anerkannt. Die Zielrichtung veränderte sich also in die Richtung einer „Erziehung durch Bewegung".

1.2 Vom Sportkindergarten zum Bewegungskindergarten

Heute hat sich die Landschaft der Kindergärten, die Bewegung zum Schwerpunkt ihrer pädagogischen Arbeit machen, weiter ausdifferenziert. Auch die Anzahl ist erheblich gestiegen: So sind allein in Nordrhein-Westfalen bisher bereits mehr als 980 Kindergärten mit dem Gütesiegel „Bewegungskindergarten" ausgezeichnet worden.

Anstelle der in der Tradition der Sportvereine stehenden Bezeichnung „Sportkindergarten" hat sich der Begriff „Bewegungskindergarten" durchgesetzt. Daneben sind Bezeichnungen wie „Bewegungsfreundliche Kita" oder „Bewegungsorientierte Kita" zu finden. Auch die Trägerlandschaft ist vielfältiger geworden: Neben dem organisierten Sport zeigen auch andere Träger der freien Jugendhilfe (Kirchen, Wohlfahrtsverbände), die Kommunen und vor allem private Träger Bereitschaft und Interesse daran, dass ihre Kindertageseinrichtungen ein bewegungsorientiertes Profil entwickeln (Schaffner 2004; Zimmer 2006).

Als eines der ersten Bundesländer griff die Sportjugend Nordrhein-Westfalen das Thema „Bewegungskindergärten" in großem Umfang auf. Eine spezielle Übungsleiterlizenz „Bewegungserziehung im Kleinkind- und Vorschulalter" sollte dazu beitragen, die Qualifikation von pädagogischen Fachkräften im Bereich der Bewegungserziehung zu verbessern. Partnerschaften zwischen Sportvereinen und Kindergärten wurden ins Leben gerufen, ein Leitfaden hierfür wurde entwickelt (Balster & Beckmann 1998). Das Programm „NRW bewegt seine Kinder" wurde aufgelegt, in dem die Kooperation von Kindertageseinrichtungen und kinderfreundlichen Vereinen besonders unterstützt wird. Unter Vorliegen bestimmter Voraussetzungen (siehe Kapitel 6) wird das Gütesiegel „Anerkannter Bewegungskindergarten" verliehen. Ziel ist es, durch gemeinsames Handeln personelle und fachliche Ressourcen (insbesondere Räume und Geräte) intensiver zu nutzen und so das Bewegungs-, Spiel- und Sportangebot für Kinder zu erweitern.

Auch in Berlin ging die Initiative vom organisierten Sport aus: Im Jahr 2005 wurde die gemeinnützige Kindergartenträgergesellschaft „Kinder in Bewegung gGmbH (KiB)“ gegründet, der 21 Einrichtungen des Berliner Senats in sieben Stadtbezirken angehören. Alleiniger Gesellschafter ist der Landessportbund Berlin mit seiner Jugendorganisation, der Sportjugend Berlin. Ziel der KiB-Einrichtungen ist es, Bewegung als pädagogisches Prinzip im Alltag umzusetzen und zudem Sprachbildung als Querschnittaufgabe im Alltag methodisch zu verankern. Beide Bereiche werden in ihrer unmittelbaren Wechselwirkung aufeinander und ihrem Bezug zu allen anderen Bildungsbereichen gesehen. Damit soll auch dem Einfluss von Risikofaktoren auf die kindliche (Sprach-)Entwicklung entgegengewirkt werden. Ein besonderes Merkmal der KiB-Einrichtungen ist die trägerinterne Qualifizierung der pädagogischen Fachkräfte im Bereich Bewegung und Psychomotorik. Der Träger hält für alle Mitarbeiterinnen und Mitarbeiter zudem weitere Angebote wie eine eigene Fachberatung und darüber hinausgehende Fortbildungen vor.

In Rheinland-Pfalz gibt es das Aktionsbündnis „Bewegungskindergarten“, das aus fünf Bündnispartnern – Turnverbände Rheinland-Pfalz, Sportjugend des Landessportbundes Rheinland-Pfalz, Unfallkasse Rheinland-Pfalz, Aktionskreis Psychomotorik und die Bundesarbeitsgemeinschaft für Haltungs- und Bewegungsförderung – besteht. Die Partner gründeten den Verein „Bewegungskindertagesstätte Rheinland-Pfalz e.V.“ mit dem Ziel, in Kooperation und mit Unterstützung durch das Ministerium für Integration,

Familie, Kinder, Jugend, Frauen in Rheinland-Pfalz die Entwicklung von Kindertagesstätten mit den Schwerpunkten Bewegung und Ganzheitliche Entwicklungsförderung von Kindern voranzutreiben.

Im Kontext der zunehmenden Verbreitung stellt sich natürlich Frage, wann sich eine Einrichtung das „Etikett“ Bewegungskindergarten geben darf. Ist diese Bezeichnung von bestimmten räumlichen, materiellen und organisatorischen Voraussetzungen abhängig oder eher an das pädagogische Konzept gebunden? Um eine Antwort darauf zu finden, haben sich in fast allen Bundesländern Initiativen und Fachgremien gebildet, die sich mit den Qualitätsstandards der Bewegungskindergärten befassen, die Zertifikate erteilen, Gütesiegel vergeben und Kriterien für deren Vergabe aufstellen. Sie beraten die Kindertageseinrichtungen und überprüfen, ob die Voraussetzungen für die Auszeichnung erfüllt sind. Auch hier gehören die Sportverbände häufig zu den Initiatoren, aber auch andere Institutionen wie die Unfallkassen, die Krankenkassen und Abteilungen der Kultus- und Bildungsministerien sind vertreten.

Die Kriterien reichen von der Ausstattung mit Material und Räumen über die Qualifikationen der pädagogischen Fachkräfte bis hin zur Einbeziehung des Themas Bewegung in die Zusammenarbeit mit den Eltern (Schwarz 2017). Auf diese Kriterien wird in Kapitel 6 näher eingegangen werden.

1.3 Die Weiterentwicklung der pädagogischen Leitidee

Die beschriebenen Initiativen gehen in der Regel von einer engen Kooperation zwischen Sportorganisationen und Kindergärten aus. Der Kindergarten ist jedoch eine Einrichtung der Kinder- und Jugendhilfe und damit den Sportorganisationen nicht unterstellt. Die Kooperation mit einer Sportorganisation kann zwar zu Synergieeffekten für beide Seiten führen, sie ist jedoch nicht notwendigerweise Bedingung für die Profilgestaltung.

Die Bezeichnung „Bewegungskindergarten" ist kein geschützter Begriff, der nur von Sportverbänden oder Ministerien vergeben werden kann. Sie weist eher auf das Profil der Einrichtung hin, welches sich aufgrund der konzeptionellen Schwerpunktsetzung ergibt. Daraus lassen sich Konsequenzen für die Gestaltung des pädagogischen Alltags in der Einrichtung, für die Raumgestaltung, die Bewegungsangebote und vor allem auch für eine bewegungspädagogische Qualifizierung der pädagogischen Fachkräfte ableiten.

Auffallend ist, dass in den Argumenten für die Gestaltung des Kindergartens als Bewegungsraum häufig kompensatorische Aspekte überwiegen: Zivilisationsbedingter Bewegungsmangel wird als Grund für zunehmende gesundheitliche Beeinträchtigungen und psychosoziale Fehlentwicklungen bereits im Kindesalter gesehen. Das Konzept des Bewegungskindergartens geht jedoch darüber hinaus. Wahrnehmung und Bewegung werden als elementare Erkenntnis- und Ausdrucksmöglichkeiten des Kindes betrachtet und in den Mittelpunkt der pädagogischen Arbeit gestellt. Ziel ist es, den Kindern mehr Raum für Bewegung und Sinneserfahrungen zu verschaffen, ihren Zugang zur Welt über ihren Körper zu berücksichtigen und die entwicklungsfördernde Wirkung von Bewegung soweit wie möglich im gesamten Tagesablauf zu berücksichtigen (Ungerer-Röhrich 2011; Zimmer 2011, 2020).

Die Motive zur Einrichtung eines Bewegungskindergartens sind heute also vielfältiger geworden. Es hängt nicht allein vom Vorhandensein von Sporthallen und einer optimalen Geräteausstattung ab, ob ein Kindergarten umfassende Möglichkeiten für Spiel und Bewegung und damit die Voraussetzungen für eine kindgerechte Entwicklungsförderung schaffen kann, sondern eher von der Haltung der pädagogischen Fachkräfte gegenüber der Bewegung.

Im Rahmen der aktuellen Diskussion um Qualitätskriterien für gute pädagogische Fachpraxis würden die räumlichen und materiellen Bedingungen zur sog Strukturqualität zählen. Viel wichtiger ist allerdings die "Prozessqualität" (Tietze & Viernickel 2016) . Sie bezieht sich auf die Anregungen, die die Kinder in der Einrichtung erhalten, auf die Interaktionsprozesse zwischen den pädagogischen Fachkräften und den Kindern sowie zwischen den Kindern untereinander. Auf diese Qualitätsdimensionen einer Kindertageseinrichtung wird in Kapitel 6 ausführlicher Bezug genommen

2 Bewegung: Ein zentraler Bildungsbereich

Bewegung gehört zu den elementaren Ausdrucksformen der Kinder, sie ist Kennzeichen ihrer Lebensfreude und Vitalität: Kinder rennen und springen, steigen und klettern, schaukeln und balancieren, wo auch immer sie dazu Gelegenheit haben. Dies tun sie aus Lust an der Tätigkeit und den damit verbundenen Empfindungen, aber auch aus Interesse an den Dingen, mit denen sie umgehen und deren Funktionsweise sie kennenlernen wollen. Bewegung und Spiel sind die dem Kind angemessenen Formen, sich mit der personalen und materialen Umwelt auseinanderzusetzen, auf sie einzuwirken, die Welt zu begreifen. Bewegung ist damit ein wichtiges Medium der Erfahrung und Aneignung der Welt und bietet vielfältige Gelegenheiten für eine ganzheitliche Bildung und Erziehung. Körper und Bewegung sind zudem Mittler der Selbstständigkeitsentwicklung.

2.1 Bedeutung der Bewegung für die kindliche Entwicklung

Der hervorgehobene Stellenwert von Bewegungserziehung im Rahmen frühkindlicher Bildungsprozesse kann aus unterschiedlichen theoretischen Perspektiven begründet werden (vgl. hierzu auch Zimmer 2020):

Aus **anthropologischer Sicht** ist der Mensch ein auf Bewegung und Erfahrung angelegtes Wesen, das des Einsatzes aller Sinne bedarf, um sich ein Bild von der Welt und sich selbst in ihr zu machen. Dies trifft insbesondere für Kinder zu: Sie erschließen sich die Welt über Bewegung. Mithilfe von körperlichen Erfahrungen und Sinneserfahrungen bilden sie Begriffe (Was bedeutet „hoch“, „weit“?). Im konkreten Handeln lernen sie, Ursache und Wirkung zu erkennen und zu begreifen. Der Körper ist dabei Mittler der Erfahrungen, er ist aber zugleich auch Gegenstand, über den Erfahrungen gemacht werden.

Aus **entwicklungspsychologischer Sicht** haben Körpererfahrungen für das Kind eine wichtige identitätsbildende Funktion. Der Körper ist das Mittel der Ich-Entwicklung und Selbstständigwerdung. Körperliche Fähigkeiten und Möglichkeiten dienen dem Kind als Mittel und Symbole seines »Größerwerdens«. Die Selbstständigkeitsentwicklung beginnt mit den ersten Versuchen des Kindes, sich aus eigener Kraft fortzubewegen, also mit dem Krabbeln und Robben. Einen Höhepunkt erreicht sie, wenn das Kind die ersten Schritte macht, wenn es das Laufen lernt und damit seinen Handlungs- und Erfahrungsspielraum zunehmend erweitert. Die Entwicklung von Selbstständigkeit und das Streben nach Unabhängigkeit setzen Selbsttätigkeit voraus.

Aus **lernpsychologischer und neurophysiologischer Sicht** bilden Wahrnehmung und Bewegung die Grundlage kindlichen Lernens. Die zunehmende Differenziertheit des Gehirns beruht auf den Wachstumsreizen, die von den Sinnesorganen ausgehen. In der frühen Kindheit werden durch Sinnestätigkeit und körperliche Aktivität Reize geschaffen, die die Verknüpfungen der Nervenzellen – die Bildung der sogenannten Synapsen – unterstützen. Die Verbindungen zwischen den Nervenzellen werden komplexer, je mehr Reize durch die Sinnesorgane zum Gehirn gelangen. Die Plastizität des Gehirns ist groß, es muss jedoch in der Kindheit durch möglichst vielseitige Sinnestätigkeiten angeregt werden (Zimmer 2019a).

Aus **sozialökologischer Sicht** sind Bewegungsangebote notwendig, um die durch den gesellschaftlichen Wandel bedingten Defizite der heutigen Lebenssituation auszugleichen. Die zunehmende Technisierung, Motorisierung und auch die Digitalisierung des Alltags wirken sich nicht nur auf die Arbeitswelt der Erwachsenen aus, Kinder sind in besonderem Maße davon betroffen. Enge Wohnungen, die Zunahme des Straßenverkehrs behindern sie in ihrer körperlichen und motorischen Entwicklung. Hinzu kommen ein steigender Medienkonsum und eine „Verhäuslichung" des kindlichen Spiels. Diese Veränderungen der sozialen und ökologischen Umwelt führen dazu, dass Kindern der aktive Umgang mit ihrer Lebenswelt immer mehr verwehrt wird. Vor allem im städtischen Umfeld finden sie kaum mehr frei verfügbare Spielräume vor.

Aus **gesundheitserzieherischer Sicht** ist Bewegung ein unersetzlicher Entwicklungsreiz für den gesamten menschlichen Organismus. Vor allem in der Phase des Wachstums benötigt er Bewegung, damit sich die Organe, das Herz-Kreislaufsystem entwickeln können, damit das Knochen- und Muskelwachstum angeregt und die Koordinationsfähigeit geübt wird. Für eine gesunde Entwicklung sind tägliche Bewegungsreize unerlässlich, sie beugen Zivilisationskrankheiten wie Übergewicht und Osteoporose vor. Toben, Rennen und Klettern sind also durchaus wichtig für die körperliche Entwicklung der Kinder. Gerade in den ersten sechs Lebensjahren vollziehen sich grundlegende Entwicklungsprozesse, die die Basis der späteren Haltungs- und Leistungsfähigkeit bilden. Der heranwachsende Organismus ist jedoch auch besonders anfällig gegenüber Störfaktoren, bedingt durch Zivilisationseinflüsse wie zum Beispiel Bewegungsmangel oder falsche Ernährung.

Auf diese Perspektiven wird in den folgenden Kapiteln noch ausführlicher Bezug genommen.

2.2 Der Stellenwert von Bewegung in den Bildungsvereinbarungen der Bundesländer

Die Lebensspanne der frühen Kindheit hat in den letzten Jahren nicht zuletzt aufgrund der internationalen Bildungsstudien sowie der Erkenntnisse der Neurowissenschaften und der Entwicklungspsychologie ein hohes öffentliches und politisches Interesse gewonnen.

Bildungsprozesse beginnen bereits mit der Geburt. Vom ersten Tag seines Lebens an setzt sich das Kind aktiv mit seiner Umwelt auseinander. Hierfür sollen ihm nicht nur im häuslichen Umfeld, sondern auch in den Institutionen wie Kindertagespflege und Kindergarten optimale Anregungen und Rahmenbedingungen zur Verfügung stehen. Frühkindliche Bildung wird zunehmend als das Fundament des Bildungssystems gesehen. Von den entsprechenden Bildungsinstitutionen wird demzufolge eine hohe fachliche und pädagogische Qualität gefordert. Um diese zu gewährleisten, haben alle Bundesländer sogenannte Bildungsvereinbarungen getroffen, die in »Bildungs- und Erziehungsplänen«, in »Bildungsempfehlungen« oder »Orientierungsplänen« schriftlich fixiert sind. Gemeinsam sind allen Bildungsplänen die Ziele, bereits in der frühen Kindheit optimale Bildungsvoraussetzungen zu schaffen, grundlegende Kompetenzen und Ressourcen der Kinder zu stärken und ihre Befähigung zum lebenslangen Lernen zu unterstützen.

Nach Beschluss der deutschen Jugendministerkonferenz vom Mai 2004 sollen vorschulische Bildungspläne folgende Bildungsbereiche umfassen (JMK 2004):

- Sprache, Schrift und Kommunikation
- Personale und soziale Entwicklung
- Mathematik, Naturwissenschaft, (Informations-)Technik
- Musische Bildung – Umgang mit Medien
- Körper, Bewegung, Gesundheit
- Natur und kulturelle Umwelten

Die Bildungsbereiche sind an Erfahrungswelten der Kinder orientiert und weniger an Fachdisziplinen.

Jedes Bundesland hat diese Bildungsbereiche individuell ausformuliert, erweitert oder ergänzt. Bewegung ist in fast allen Bildungs- und Erziehungsplänen der Bundesländer entweder als eigenständiger Bildungsbereich oder auch im Kontext von Körper, Bewegung, Gesundheit aufgeführt (Beudels 2010; Voss 2019; Zimmer 2020).

In den Bildungsgrundsätzen für Kinder von 0 bis 10 Jahren des Bundeslandes Nordrhein-Westfalen nimmt Bewegung im Kontext von neun Bildungsbereichen den ersten Platz ein. Die Bildungsgrundsätze heben ausdrücklich den besonderen Stellenwert von Bewegung hervor. Bildung wird hier als die eigenständige Aneignung von Welt betont, das Kind wird als aktiver Gestalter seiner Entwicklung gesehen: „Das ‚Aneignen von Welt' ist eine Aktivität der Kinder, die niemand für sie übernehmen kann. Aus eigenem Antrieb heraus will das Kind die Dinge, die es umgibt, verstehen und Neues dazulernen. In keiner anderen Phase des Lebens lernt der Mensch so schnell und ausdauernd wie in den ersten Lebensjahren" (Ministerium für Kinder Familie, Flüchtlinge und Integration des Landes Nordrhein-Westfalen & Ministerium für Schule und Weiterbildung des Landes Nordrhein-Westfalen 2016, S. 16).

Auch der Bayrische Erziehungs- und Orientierungsplan betont die Bedeutung von Bewegung: „Bewegung gilt zu Recht als wesentlicher Bestandteil der Erziehung des Kindes. Im Vorschulalter ist Bewegung unverzichtbar, um der natürlichen Bewegungsfreude des Kindes Raum zu geben, das Wohlbefinden und die motorischen Fähigkeiten zu stärken sowie eine gesunde Entwicklung zu gewährleisten. Darüber hinaus ist Bewegung für die Entwicklung von Wahrnehmungsleistungen, kognitiven Leistungen und sozialen Verhaltensweisen bedeutsam" (Bayrisches Staatsministerium für Arbeit und Sozialordnung, Familie und Frauen & Staatsinstitut für Frühpädagogik 2016, S. 342).

In den meisten Bildungsplänen wird Bewegung mit dem Bereich Gesundheit in Verbindung gebracht. So wird im Thüringer Bildungsplan betont: „Motorische und gesundheitliche Bildung hängen eng miteinander zusammen, denn Gesundheit ist in engem Maße von Bewegung abhängig" (Kultusministerium des Freistaates Thüringen 2008, S. 63).

Eine besondere Akzentuierung nimmt der „Orientierungsplan für Bildung und Erziehung in Tageseinrichtungen für Kinder in Baden-Württemberg" vor. Im Rahmen der sechs Bildungs- und Entwicklungsfelder, auf die der Kindergarten Einfluss nimmt, wird der „Körper" als erstes Bildungs- und Entwicklungsfeld genannt: „Bewegung, ausgewogene Ernährung und ein positives Selbst- und Körperkonzept sind Motoren für die gesamte körperliche, soziale, psychische und kognitive Entwicklung des Kindes" (Orientierungsplan Baden-Württemberg 2006, S. 111). Als zweites Bildungs- und Entwicklungsfeld werden die „Sinne" aufgeführt: Den Sinneserfahrungen wird eine hohe Bedeutung bei der Auseinandersetzung des Kindes mit seiner Umwelt beigemessen.

Das einzige Bundesland, in dem Bewegung nicht als eigenständiger Bildungsbereich genannt wird, ist Berlin. Hier wurde das „Bildungsprogramm für Kitas und Kindertagespflege" aktualisiert und der zuvor eigens ausgewiesene Bereich „Bewegung, Körper, Gesundheit" in einem Bildungsbereich „Gesundheit" zusammengefasst (Senatsverwaltung für Bildung, Jugend und Wissenschaft 2014). Neben Ernährung, Hygiene, Wohlbefinden und Sexualität ist Bewegung aufgeführt – entsprechend knapp sind auch die inhaltlichen Empfehlungen hinsichtlich der Berücksichtigung von Bewegung in der alltäglichen pädagogischen Praxis.

2.3 Bewegung als Querschnitt-Thema

Die Verbindung von Bewegung mit anderen Bildungsbereichen wird nur in einigen Bildungsplänen erwähnt. Zwar wird häufig betont, dass es sich bei Bewegung um einen übergreifenden Bereich handelt (NRW, Bayern), in den weiteren Ausführungen werden diese Überlegungen dann aber nicht mehr aufgegriffen.

Einige Bundesländer betonen die Querschnittaufgabe von Bewegung: „Bewegung fördert die körperliche, aber auch die kognitive Entwicklung. So werden zum Beispiel die Sprachentwicklung und das mathematische Grundverständnis durch das Ermöglichen vielfältiger Bildungserfahrungen positiv unterstützt." Und weiter heißt es: „Bewegung durchzieht das Leben in allen Bereichen; somit wird auch deutlich, dass sich der Bildungsbereich Bewegung durch den gesamten Alltag hindurchzieht und mit allen Bildungsbereichen verbunden ist" (Ministerium für Familie, Kinder, Jugend, Kultur und Sport des Landes Nordrhein-Westfalen 2016, S. 78).

Am Beispiel der Verbindung von Bewegung mit sprachlicher Bildung und mit naturwissenschaftlichen Erfahrungen sollen diese Aussagen in den folgenden Abschnitten verdeutlicht werden.

2.3.1 Bewegung und Sprache

Wie Bewegung ist auch der Spracherwerb ein Lernprozess, der durch die aktive Auseinandersetzung des Kindes mit seiner materialen und sozialen Umwelt geprägt ist. Bewegungshandeln kann als Ausgang für sprachliche Prozesse betrachtet werden (Zimmer 2013a, 2019b).

Sprache baut auf dem Handeln auf: Zuerst kommt das körperlich-sinnliche Erkunden einer Sache, dann erst erfolgt die sprachliche Begleitung. Das Kind spielt zum Beispiel mit dem Ball, lässt ihn auf den Boden prellen. „Ball springt“ sagt es, aber nicht *bevor*, sondern *nachdem* es sich mit ihm beschäftigt hat. Im Tun, im handelnden Umgang mit Gegenständen und Objekten entdeckt es die Sprache als nützliches Medium, als Werkzeug des Handelns. Erst im Laufe der Zeit werden Handlungen verinnerlicht, das Kind kann die Handlung reflektieren. Sprache ermöglicht dann eine gedankliche Vorwegnahme („Ich will Ball spielen“) oder rückblickende Reflexion des Tuns („Ich habe das Tor getroffen“) und damit eine Distanz zur aktuellen Situation.

Das Kind gewinnt, bevor es sich sprachlich mitteilen kann, bereits ein Wissen über die Beschaffenheit von Gegenständen und die Funktion von Objekten. Dass ein Ball rund ist, auf dem Boden rollt oder hochspringt, wenn man ihn fallen lässt, dieses Wissen hat es aufgrund seiner Erfahrungen durch Wahrnehmung und Bewegung, in denen sich die Zusammenhänge erschließen. So werden durch das Handeln gewonnene Erfahrungen in Verbindung mit der Sprache zu Begriffen. Diese Begriffe ermöglichen dem Kind die innere Abbildung der Welt Zeitliche Begriffe wie „langsam“ und „schnell“, räumliche Begriffe wie „hoch“ und „tief“ erfährt das Kind zum Beispiel in Bewegungshandlungen, die es in Raum und Zeit variiert. So erweitert es seinen Wortschatz und erwirbt die Voraussetzung für das Verständnis sprachlicher Klassifizierungen“ (Zimmer 2019b, S. 15).

Der spielerische Umgang mit der Sprache, die Lust am Nachahmen, die Interaktion der Kinder untereinander sind gute Voraussetzungen, die Sprache zu erwerben (Madeira Fimino 2015). Je jünger Kinder sind, umso mehr brauchen sie Aktivitäten und Dialoge, in denen die gesprochene Sprache mit weniger rationalen Ausdrucksmitteln und mit Sinneswahrnehmungen, mit Bewegungs- und Handlungserfahrungen verknüpft wird. Eine bewegungsorientierte Sprachbildung schafft eine anregungsreiche, zur Aktivität und zum Handeln auffordernde Umgebung, in der das Kind Körper und Bewegung, Sprache und Stimme gleichermaßen lustvoll einsetzen kann.

Situative, aber auch die bewusst inszenierten Bewegungsangebote können für die Kinder Anlässe zum Sprechen, zum Erweitern und Differenzieren ihres Sprachvermögens werden. Über Bewegungsspiele können sprachliche Lernprozesse provoziert werden. Eine Spielidee liefert den Anlass für Bewegungshandlungen wie auch für Sprachhandlungen.

Bewegungsanlässe als Sprachanlässe nutzen

So kann der Aufbau des aktiven und passiven Wortschatzes ebenso wie der Erwerb von Wortbedeutungen durch Bewegungsaktivitäten unterstützt werden. Wie viele unterschiedliche Varianten des Gehens gibt es? Beim Schleichen, Schlurfen und Stampfen lernen die Kinder nicht nur die Bewegungsqualitäten, sondern auch die dazugehörigen Begriffe kennen. Sie benennen die Gegenstände, mit denen sie sich bewegen (Reifen, Kreisel, Balancierbrett), und ordnen sie in ein Kategoriensystem ein (zu den Bällen gehören sowohl Tischtennisbälle, Wasserbälle als auch Schaumstoffbälle – obwohl sie ganz unterschiedlich groß und aus unterschiedlichem Material sind) und erfinden neue Namen für ihre Geräte (Hüpfball, Sprungball, Flugball, Riesenball).

Ein Ball fordert zum Handeln auf, zum Spiel und zum Erproben, allein oder gemeinsam mit anderen. Dabei gibt es aber auch eine Reihe von Sprachanlässen: Man kann den Ball rollen, werfen, fangen, ihn auf ein Tor schießen – Bewegungsverben werden im Handeln erfahren, gleichzeitig wird nicht nur der Wortschatz, sondern auch die Wortbedeutung geübt. Grammatikalische Regeln werden nebenbei aufgenommen und prägen sich ein: Ich werfe den Ball, du wirfst den Ball zurück, der Ball wird gerollt – aktive und passive Formen, Verbflexionen und Artikelgebrauch. So schwierig die deutsche Grammatik auch scheint, beim Spiel mit dem Ball wird sie fast „nebenbei“ erfahren (Zimmer 2021b). Vor allem aber ist der Ball ein Medium der Kommunikation, der Beziehungsaufnahme. Er gibt zwar Anlässe zum Sprechen, die gemeinsame Aktivität kommt aber gleichermaßen auch ohne aktive Sprache aus. Die korrekte Aussprache, die richtige Artikelbildung oder die Erweiterung des Wortschatzes stehen vorerst im Hintergrund, über sprachförderliches Verhalten der pädagogischen Fachkraft können die engeren sprachlichen Kompetenzen der Kinder jedoch auch unterstützt werden. Viele spielerische, aber dennoch systematische Anregungen hierzu sind in der „Kleinen Ballgrammatik“ zu finden (Zimmer 2021b).

„Sprache und Bewegung – beides sind bei Kindern wesentliche Mittel der Erkenntnisgewinnung, des Ausdrucks und der Mitteilung. Das Grundanliegen einer bewegungsorientierten Sprachförderung sollte darin bestehen, eine anregungsreiche, zur Aktivität und zum Handeln auffordernde Umwelt zu schaffen, in der das Kind seinen Körper, Bewegung, Sprache und Stimme gleichermaßen einsetzen darf, um sich mit sich selbst und anderen auseinanderzusetzen. Bevorzugtes Mittel ist dabei das Spiel. Es schafft Bewegungs- und Sprechanlässe, die dazu beitragen, das sprachliche und körpersprachliche Handlungsrepertoire ebenso zu erweitern wie das Bewegungsrepertoire“ (vgl. Zimmer 2019b, S 16f.).

Bewegung besitzt also ein entwicklungsförderndes Potenzial, das sich insbesondere in den ersten Lebensjahren positiv auf die Sprachentwicklung auswirken kann. Die sprachfördernde Wirkung entfaltet sich dabei zum Teil eher indirekt und beruht insbesondere auf den vielfältigen Sprechanlässen, die sich beim gemeinsamen Spiel ergeben, beim Bauen und Konstruieren, beim Aushandeln von Rollen und Regeln, im spontanen, spielerischen Umgang mit der eigenen Stimme bei Rollen- und Symbolspielen. Sie entfaltet sich insbesondere in dem motivierenden, lustbetonten Kontext, in dem Bewegungshandeln sich zwanglos mit sprachlichem Handeln verbinden lässt. – Sprache wird so am eigenen Leib erfahren (Beispiele hierzu siehe Zimmer 2019b, 2021b).

2.3.2 Bewegung und naturwissenschaftliche Bildung

Bewegungsspiele bieten vielfältige Gelegenheiten, in denen Kinder sich mit physikalischen Gesetzmäßigkeiten wie mit der Schwerkraft, dem Gleichgewicht, den Bremskräften oder der Fliehkraft auseinandersetzen oder in denen sie zum Beispiel die Tragfähigkeit des Wassers am eigenen Leib erleben können. Naturwissenschaftliche Phänomene werden sinnlich erfahren und im Experimentieren systematisch weiter erforscht. Es entstehen Fragen: Welche Gegenstände schwimmen auf dem Wasser, welche gehen unter? Wissen und Kompetenzen werden kontinuierlich erweitert, verschiedene Lernwege ausprobiert, Problemlösestrategien entwickelt.

Im Spiel mit physikalischen Kräften entwickelt sich das Interesse der Kinder an Zusammenhängen. Sie sind nicht losgelöst von der konkreten Spielsituation, allerdings entdecken die Kinder manche Phänomene erst dann, wenn die pädagogische Fachkraft sie darauf aufmerksam macht. Gespräche mit Kindern, Reflektieren der Beobachtungen bringen das kindliche Nachdenken über die Dinge in Gang (Ungerer-Röhrich, Popp & Quante 2015).

„Warum"-Fragen führen dazu, dass die Kinder intensiver beobachten, eigene Hypothesen aufstellen, Vermutungen formulieren, die Bedingungen verändern – also experimentieren und so zu eigenen Erkenntnissen kommen. Hierzu einige Beispiele aus dem Alltag einer Kindertageseinrichtung (vgl. auch Kaiser & Zimmer 2015, S. 21):

> Jonas, Max und Felix spielen mit Bällen. „Mein Ball rollt am schnellsten" (Jonas, 4;9 Jahre). „Nein, mein Ball ist schneller, er ist nämlich größer" (Felix, 4;0 Jahre). „Quatsch, alle Bälle rollen gleich schnell, weil sie nämlich rund sind" (Max, 4;8 Jahre). „Nööö, wenn ich ihn mit dem Fuß ankicke dann rollt er noch viiiel schneller" (Jonas).
> Dass ein Ball rollt, ist den Kindern klar. Aber wovon die Geschwindigkeit seines Rollens abhängt – darüber herrscht (noch) Uneinigkeit. Vom Gewicht, von der Größe, vom Untergrund, vom Material des Balles oder von der Körperkraft, mit der er angestoßen wurde?

Die Fragen der Kinder ergeben sich aus dem Spiel mit den Bällen, mit Bällen in verschiedenen Größen und mit verschiedenen Eigenschaften (leicht, schwer etc.). Die Fragen entstehen, indem die Kinder die Bälle und sich selbst mit den Bällen bewegen, indem sie sie rollen, kicken, werfen, prellen. Im Tun stellen die Kinder nicht nur Unterschiede, sondern auch Gemeinsamkeiten fest. Das Verhalten der Bälle wird von Gesetzen gesteuert: Von der Schwerkraft, der Reibung, denn auch der Untergrund beeinflusst, wie schnell der Ball rollt.

Das Ausprobieren und Experimentieren mit den Objekten führen bei Kindern dazu, dass sie durch das eigene Handeln Zusammenhänge erkennen und erste grundlegende physikalische Gesetzmäßigkeiten erfahren.

Selbst Wirkungen erzielen

Dieses Interesse an der Welt beginnt bereits sehr früh: Sobald die Kinder auf die Welt einwirken können, sobald sie selbst Wirkungen erzielen und sich als Urheber eines Effektes erleben, wird ihr Forscherdrang geweckt.

Lea (1;5 Jahre) sitzt im Hochstuhl und schlägt mit ihrem Plastiklöffel auf die Tischfläche des Hochstuhls. Zunächst scheint sie von dem Geräusch fasziniert, mal schlägt sie mit dem breiten Löffelkopf, mal mit dem Griff des Löffels, Interessiert hört sie auf die unterschiedlichen Klänge von ein- und demselben Gegenstand, macht eine Pause (als ob sie auf die Stille hört) – und klopft weiter. Dann rutscht ihr der Löffel aus der Hand, er fällt auf den Holzboden. Ein ganz anderes Geräusch. Lea blickt dem Löffel auf dem Boden nach. „Da – bumm", sie zeigt auf den Löffel. Die Erzieherin hebt den Löffel auf und gibt ihn Lea in die Hand. Ein paar Klopfer auf die Tischplatte – und wieder landet der Löffel auf dem Boden, diesmal nicht aus Versehen, sondern ganz bewusst. Das wiederholt sich mehrere Male, bereitwillig hebt die Erzieherin den Löffel jedes Mal wieder auf, Lea strahlt. Die Erzieherin bindet Lea das Lätzchen ab. Lea greift danach – und mit Schwung landet es auf dem Boden, lautlos. Lea blickt zum Boden. „Da, bumm nn" sagt sie und schüttelt den Kopf. Das Spiel wiederholt sich mehrere Male. Der Löffel, das Lätzchen, kaum werden sie von der Erzieherin aufgehoben, lässt Lea die Gegenstände wieder zu Boden fallen, immer mit Gejuchze und Kommentar: „Da, da, bumm, da" beim Löffel; „da, bumm nn" (will heißen: das macht jetzt kein Geräusch beim Fallen) beim Lätzchen.

Lea hat das physikalische Gesetz der Schwerkraft entdeckt: Alles fällt auf den Boden, aber die Gegenstände machen dabei jeweils andere Geräusche. Erst die stetige Wiederholung führt zu dieser Erkenntnis. Das Kind sucht nach Wiederholungen, darin liegen erste Ansätze eines physikalischen Verstehens. Die Erzieherin lässt sich in diesem Fall bereitwillig auf das Spiel ein, denn ohne sie wäre das Suchen und Fragen des Kindes schnell beendet. Das Sitzen im Hochstuhl schränkt zwar Leas Beweglichkeit und Selbstständigkeit ein, aber sie hat ja einen Partner, der ihr die Gegenstände immer wieder anreicht – sich auf ihr Spiel einlässt. Und das Experimentieren mit den zu Boden fallenden Objekten gelingt aufgrund der Position im Hochstuhl besonders gut. So werden die Neugierde und das Interesse, das zufällig erlebte genauer zu verfolgen und zu erforschen, immer wieder aufs Neue geweckt. In der Wiederholung ergeben sich Gesetzmäßigkeiten.

Selber erproben, selber bewegen, selber tätig sein sind Voraussetzungen dafür, dass physikalische Gesetze erlebt und verstanden werden. Dabei kommen alle Sinne zumEinsatz: Das Kind beobachtet, hört genau hin, greift und begreift das Geschehene. Die körpernahen Sinne, das Gleichgewicht, die kinästhetische Wahrnehmung geben ihm Rückmeldung über physikalische Ereignisse. Wenn-dann-Beziehungen werden erkannt: Wenn ich auf der Wippe in die Mitte rutsche, ist das Gleichgewicht gestört, dann kann derjenige, der am äußeren Ende der Schaukel sitzt, sich nicht mehr auf und ab bewegen.

Kinder besitzen bereits so etwas wie ein angeborenes physikalisches Wissen über Physik. Dieses Wissen wird als „intuitives" Wissen bezeichnet.

Erfahrungen mit und über den eigenen Körper

Die mit dem eigenen Körper gemachten Erfahrungen, aber auch die über den Körper gemachten Erfahrungen strukturieren das intuitive Wissen und die ersten materialen Erfahrungen. Wenn Kinder sich bewegen, machen sie gleichzeitig auch Erfahrungen mit der Schwerkraft, dem Gewicht, mit der Trägheit der Masse, mit dem Gleichgewicht, der Statik oder der Fliehkraft.

Die sinnlichen Erfahrungen und die Bewegungshandlungen sind Ausgangspunkte für forschendes Lernen. Physikalische Gesetzmäßigkeiten umgeben die Kinder in ihrem Alltag, allerdings ermöglicht erst das Bewusstmachen dieser Situationen den Kindern einen wirklichen Lernprozess. Im Spiel mit physikalischen Kräften entwickelt sich das Interesse an Zusammenhängen. Manche Phänomene werden von den Kindern oft erst bewusst wahrgenommen, wenn sie durch die Erzieherin darauf aufmerksam gemacht werden. Aus den Erfahrungen, die die Kinder in den Situationen sammeln, formen sie Hypothesen und Erwartungen. Sie bilden Vorstellungen über mögliche Zusammenhänge und prüfen sie, indem sie genauer ausprobieren und experimentieren.

> *Bewegungsspiele bieten vielfältige Gelegenheiten, die Phänomene nicht nur zu beobachten, sondern auch zu erzeugen und sie damit auch zu verstehen.*

Was treibt den Schwung auf der Schaukel an, was lässt ihn abbremsen? Warum rutscht man auf einer Eisfläche, auf trockener Straße aber nicht? Warum rollt der Ball auf dem Teppichboden langsamer als auf einer glatten Unterfläche? In jeder Bewegung wirken physikalische Kräfte, jede Bewegungshandlung ist auch eine Erfahrung physikalischer Gesetzmäßigkeiten: Schwung, Reibung, Trägheit, Fliehkraft – all dies sind Gesetze, die in der Natur wirksam werden und die in Bewegung erfahren werden. Beispiele zum Erfahren naturwissenschaftlicher Phänomene über Bewegung sind beschrieben in: Kaiser & Zimmer (2015), Lensing-Conrady (2015), Ungerer, Popp & Quante (2015), Zimmer (2020).

3 Das pädagogische Konzept des Bewegungskindergartens

Dem hier entworfenen Konzept des Bewegungskindergartens liegen ein ganz **bestimmtes Bildungsverständnis** und zugleich auch ein **bestimmtes Bild vom Kind** zugrunde, das von Zimmer in mehreren Veröffentlichungen vertreten und begründet worden ist (Zimmer 2011, 2019b, 2020, 2021a). Diese beiden Grundpfeiler werden im folgenden Kapitel näher vorgestellt.

Das Konzept basiert auf einem ganzheitlichen Verständnis von Bildung: Sinneserfahrungen werden als Grundlage kindlichen Handelns betrachtet. Bewegungserfahrungen sind auch die Grundlage der kognitiven Entwicklung; sie sind Voraussetzung für eine gesunde Entwicklung und den Aufbau motorischer Kompetenzen ebenso wie für den Erwerb sozial-emotionaler Kompetenzen.

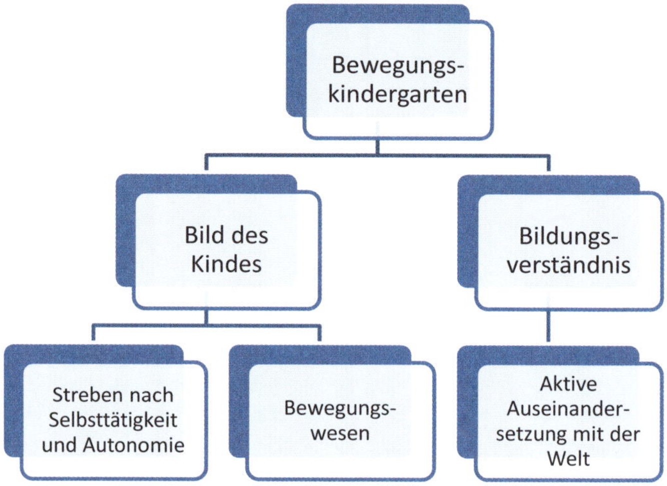

3.1 Das Bild vom Kind und das Bildungsverständnis

Bereits in Kapitel 2.1 wurde auf wichtige Grundannahmen zum Bild des Kindes, das unser Handeln leitet, verwiesen: **Das Kind ist ein von Anfang an aktiv lernendes, kompetent handelndes Wesen,** das seine eigene Entwicklung vorantreibt und seine Umwelt deutet. Es bedarf dabei einer anregenden Umwelt, die ihm den Gewinn eigener Erfahrungen zugesteht und die seinem Bedürfnis nach Entdecken und Erproben entspricht, die seine Neugierde befriedigt und die ihm ausreichend Spielraum zubilligt. Es benötigt jedoch auch Bezugspersonen, die es in seinem Bedürfnis nach forschendem und entdeckendem Lernen unterstützen, die ihm Anregungen und Herausforderungen geben und damit neue Erfahrungsmöglichkeiten eröffnen.

Das Kind ist ein soziales Wesen. Es ist auf die Interaktion mit anderen angewiesen und wird in seiner Entwicklung geprägt durch die Qualität seiner sozialen Beziehungen. Kinder entwickeln im täglichen Umgang mit anderen soziale Fähigkeiten, die die Voraussetzung für das soziale Miteinander bilden. Sie übernehmen zunehmend soziale Verantwortung und lernen, mit Konflikten umzugehen. Positive soziale Erfahrungen tragen zur Entwicklung sozialer Kompetenzen bei; hierfür sind Kinder auf ein Übungsfeld in einer sozialen Gemeinschaft angewiesen, in der sie Chancen zum Aufbau von Bindung und Beziehung haben.

Das Kind ist ein Bewegungswesen. Es ist auf Wahrnehmung und Bewegung angewiesen, um sich ein Bild von sich selbst zu machen, um die eigenen Fähigkeiten einzuschätzen und sich die Welt aktiv anzueignen. Dabei spielen insbesondere die körpernahen Sinne eine wichtige Rolle: Wahrnehmung über die Körpersinne, die Haut, über die Bewegung und das Gleichgewichtsempfinden, die Wahrnehmung der eigenen Position und Lage im Raum vermitteln dem Kind ein Bild von der Welt und von sich selbst in ihr. Über Bewegung gewinnt es Vertrauen in die eigenen Fähigkeiten, entwickelt aber auch eine realistische Einschätzung der eigenen Fähigkeiten (Zimmer 2021a).

Ganzheitliches Bildungsverständnis

Ein solches Menschenbild führt zu einem Erziehungs- und Bildungsverständnis, das Bewegung als elementare Handlungs- und Ausdrucksform des Kindes in den Vordergrund der pädagogischen Arbeit stellt und über sie die körperlich-motorische Entwicklung, aber auch die sozial-emotionale und kognitive Entwicklung unterstützen will. Es berücksichtigt einerseits die Selbstbildungsprozesse des Kindes, stützt sich aber auch auf die anregende und begleitende Rolle der pädagogischen Fachkräfte durch Angebote und Herausforderungen (Zimmer 2020).

Bildung wird als die aktive Auseinandersetzung des Kindes mit den Herausforderungen seiner Umwelt verstanden. Dabei folgt das Kind einem großen Entwicklungsthema: Sich die Welt anzueignen und dabei alle seine Kräfte einzusetzen, sie zu entfalten und zu stärken. Bildung ist also abhängig von der Eigenaktivität des Kindes, von der sozialen Interaktion mit seiner Umwelt und den Anregungen, die von dieser ausgehen.

Bildung ist mehr als Wissenserwerb, sie schließt auch emotionale, soziale, ästhetische Kompetenzen ein. Das Kind wird als »aktiv Lernender« (Fthenakis 2011, S. 29) gesehen; die Aufgabe der pädagogischen Fachkräfte liegt nach dieser Auffassung darin, der Neugierde der Kinder nachzukommen, die

Lernbedürfnisse des Kindes zu unterstützen, eine anregende Umwelt bereitzustellen und die Impulse und Bedürfnisse der Kinder nach Eigentätigkeit zu stärken.

Bewegung und Spiel sind die dem Kind angemessene Formen, die Welt zu begreifen und ein eigenes Bild von der Welt aufzubauen.

3.2 Sinneserfahrungen als Grundlage kindlichen Handelns

Die sinnliche Wahrnehmung eröffnet Kindern den Zugang zur Welt. Sie ist die Wurzel jeder Erfahrung, durch die sie die Welt jeweils für sich wieder neu aufbauen und verstehen können. Lernen im frühen Kindesalter bedeutet in erster Linie: Lernen über Wahrnehmung und Bewegung.

Wahrnehmen ist ein aktiver Prozess, bei dem das Kind mit allen Sinnen seine Umwelt erkundet. Mit seinen Sinnen begegnet es Lebewesen und Dingen. Es kann sie sehen, hören, befühlen und anfassen, kann sie schmecken und riechen, sich mit ihnen bewegen. Die Sinne liefern dem Kind viele Informationen über seine Umwelt und vermitteln ihm die Erfahrung, selbst Teil dieser Welt zu sein. Das Greifen ist immer auch ein Begreifen, das Fassen ein Erfassen. Das Kind gewinnt, bevor es sich sprachlich mitteilen kann, bereits ein Wissen über räumliche Beziehungen. Es hat dieses Wissen aufgrund seiner Erfahrungen durch Wahrnehmung und Bewegung erworben.

Die Grundlage der Wahrnehmungsentwicklung bilden das Tasten, die Körper- und Bewegungswahrnehmung sowie das Gleichgewichtsempfinden. Zuerst entwickeln sich die Sinne, die uns Informationen über unseren Körper und seine Beziehung zur Anziehungskraft der Erde geben: Bewegung und Gleichgewicht. Erst danach folgt die Differenzierung der Sinne, die uns Informationen über körperferne Dinge liefern – das Sehen und das Hören.

Die Sinnessysteme

Innerhalb der Wahrnehmungssysteme haben die sogenannten Grundwahrnehmungsbereiche eine besondere Bedeutung: Das taktile System (das Tasten und Berühren), das kinästhetische System (die Bewegungsempfindungen) und das vestibuläre System (das Gleichgewicht) stellen die Basis sensorischer Verarbeitung und ein Fundament der kindlichen Entwicklung dar. Sie werden auch als „körpernahe Sinne" bezeichnet, im Gegensatz zum Sehen und Hören, die als „körperferne Sinne" gelten (Ayres 2014; Zimmer 2019a).

Das **taktile System** ist das erste Sinnessystem, das sich schon im Mutterleib entwickelt und das bereits funktionsfähig ist, wenn der Sehsinn und der Hörsinn sich erst zu bilden beginnen. Taktile Reize werden über die Haut aufgenommen, die Haut kann als das größte Wahrnehmungsorgan des Menschen aufgefasst werden. Über die Haut nimmt das Kind Temperatur wahr, es ertastet die Beschaffenheit von Material und Gegenständen, es lernt, mit den Händen zu „sehen" (die Hand als „Erkundungsorgan").

Die **kinästhetische Wahrnehmung** wird auch als „Bewegungssinn" bezeichnet. Er umfasst die Empfindung von Bewegungen des eigenen Körpers oder einzelner Körperteile im Zusammenspiel und den dabei auftretenden Kraftleistungen. Die Bewegungswahrnehmung erfolgt über Muskeln, Sehnen und Gelenke. Über die sogenannten Propriozeptoren (im Lateinischen bedeutet „proprius" „der Eigene") werden dem Gehirn Informationen über die Muskelspannung und die Stellung der Gelenke zum Körper vermittelt. Die kinästhetische Wahrnehmung wird zum Beispiel durch Spiele gefördert, bei denen die Kinder Gegenstände ziehen oder schieben, hierbei wird ein starker Zug und Druck auf die Sehnen und Gelenke erzeugt. Ebenso können auch Entspannungsübungen das Gefühl für die Körper- und Bewegungswahrnehmung verfeinern.

Die **vestibuläre Wahrnehmung** ist für die Gleichgewichtsregulation des Körpers verantwortlich. Für diese Funktion wichtige Rezeptoren befinden sich im Innenohr, daher wird das Ohr oft auch als „Gleichgewichtsorgan" bezeichnet. An der Regulierung des Gleichgewichts sind jedoch mehrere Bereiche beteiligt, man bedenke nur, wie leicht man aus dem Gleichgewicht kommt, wenn man versucht, mit geschlossenen Augen über einen Balken zu balancieren. Die Gleichgewichtsregulation ist ein sehr komplexer Vorgang, an dem mehrere Sinne Anteil haben, andererseits wirkt sich das vestibuläre System auch auf die Funktionsfähigkeit der anderen Sinne aus. Das Gleichgewichtssystem wird als ein »alles vereinendes Bezugssystem« aufgefasst: Es ist grundlegend für unseren Bezug zur Schwerkraft verantwortlich. Das vestibuläre System trägt auch zur Wachheit des Menschen bei: Wir spüren die beruhigende Wirkung von Gleichgewichtsreizen, wenn wir zum Beispiel in einem Schaukelstuhl wippen, und die anregende Wirkung des Springens auf einem Trampolin. Das vestibuläre System trägt ferner dazu bei, dass der Aktivierungszustand des Gehirns ausbalanciert ist.

Der **Geruchssinn** ist bei der Geburt schon gut entwickelt, bereits Neugeborene können zwischen verschiedenen Gerüchen unterscheiden. Der Geruchssinn warnt den Menschen zum Beispiel vor verdorbener Nahrung oder vor Gefahrenquellen. Der **Geschmackssinn** ermöglicht uns, ebenso die Nahrung zu genießen wie auch ähnlich aussehende Nahrungsmittel zu unterscheiden. Geruchs- und Geschmackssinn haben eine sehr enge Verbindung miteinander.

Die **visuelle Wahrnehmung** ermöglicht das Erkennen von Farben und Formen, das Einschätzen von Entfernungen, das Erfassen von Mengen und die Orientierung im Raum. Das Auge ist das wichtigste menschliche Informationsorgan. Der weitaus größte Teil der von außenkommenden Informationen wird über dieses Sinnessystem wahrgenommen. Im Alltag wird die visuelle Wahrnehmung aber auch oft überfordert, wenn zum Beispiel die Wände im Gruppenraum mit Bildern überladen sind.

Das **auditive Wahrnehmungssystem** ermöglicht die Aufnahme und Verarbeitung von akustischen Reizen, von Tönen, Lauten und Geräuschen. Bereits im Mutterleib nehmen Kinder Geräusche und Töne wahr; das vertrauteste Geräusch ist der Herzschlag der Mutter. Von diesen Erfahrungen ausgehend differenziert sich die auditive Wahrnehmungsfähigkeit der Kinder immer mehr. Auf ihr baut auch die Entwicklung der Sprache und der Kommunikationsfähigkeit auf.

Zusammenspiel der Sinne

Die Abgrenzung der Sinnessysteme entspricht natürlich nicht der Realität – in Wirklichkeit arbeiten die Sinnessysteme zusammen und meistens gewinnen wir Informationen aus unserer Umwelt gleichzeitig über mehrere Sinneskanäle.

Das Zusammenspiel der Sinne, der Augen, des Gehörs, des Tastsinnes, des Bewegungssinns und des Gleichgewichtssinns macht es möglich, dass das Kind zum Beispiel sicher über einen schmalen Baumstamm gehen kann, dass es Unebenheiten wahrnimmt, bei Unsicherheiten das Gewicht durch die Bewegung und Körperhaltung ausgleichen kann.

Für das Verständnis der Sinneswahrnehmung kann es jedoch hilfreich sein, die Besonderheiten der jeweiligen Wahrnehmungsvorgänge zu betrachten, um anschließend ihr Zusammenwirken besser nachvollziehen zu können. Die Entwicklung der kindlichen Wahrnehmung kann als Prozess zunehmender Differenzierung der Sinnesleistungen beschrieben werden, der einhergeht mit ihrer gleichzeitigen Integration (Zimmer 2019a).

Eine gut funktionierende Wahrnehmung kann als Voraussetzung für die Auseinandersetzung des Kindes mit seiner Umwelt betrachtet werden. Zwar sind die meisten Menschen von Geburt an mit einer durchschnittlich guten Fähigkeit zur Wahrnehmung ausgestattet, doch diese Grundfähigkeit muss vor allem in der Kindheit durch beständige Anpassung an Situationen, Dinge und Anforderungen geübt werden (Ayres 2014; Zimmer 2019a). Je vielfältiger sensorische Funktionen geübt werden, umso sicherer werden Kinder in ihren Bewegungen. Gefördert wird das Zusammenspiel der Sinne durch Bewegungsaktivitäten, die wiederum Wahrnehmungsleistungen erfordern und quasi als »sensorische Nahrung« dienen. Diese setzen komplexe Anpassungsreaktionen in Gang: Kinder lernen durch Wahrnehmung Neues hinzu, das kindliche Gehirn erhält durch Anpassungsreaktionen die Chance, sich weiterzuentwickeln und sich besser zu »organisieren«.

Die Förderung der Wahrnehmungsfähigkeit erfolgt nicht über funktionelle Übungen oder Aufgaben. Sensorische Erfahrungen sind am wirksamsten, wenn Kinder selbst aktiv werden können, wenn sie selbst tätig sein dürfen. Kinder lieben »sensorische Sensationen«, aber nicht, weil damit ihre Gehirnfunktionen trainiert werden, sondern weil es schön, lustvoll und spannend ist, zu springen, zu schaukeln, sich zu drehen. Sie setzen alle Sinne ein, um auch die Beschaffenheit und Funktionsfähigkeit der Objekte, mit denen sie sich bewegen, zu erkunden (siehe hierzu Kapitel 2.3.2).

3.3 Bewegung und kognitive Entwicklung

Diese Überlegungen zur Bedeutung der Sinneserfahrungen machen deutlich: Das Kind nimmt die Welt weniger mit dem „Kopf“, also mit seinen geistigen Fähigkeiten, über das Denken und Vorstellen auf, es nimmt sie vor allem über seine Sinne, seine Tätigkeit, mit seinem Körper wahr. Die kognitive

Entwicklung des Kindes beruht in den ersten Lebensjahren vor allem auf Bewegungs- und Wahrnehmungsvorgängen.

Das Kind erfährt zum Beispiel, dass ein runder Gegenstand (Ball) wegrollt, während ein eckiger (Würfel) liegenbleibt, und dass ein leichter Gegenstand (Luftballon, Zeitlupenball) nur leicht angetippt werden muss, um ihn in der Luft zu halten, während ein schwerer Gegenstand (z.B. eine Kugel) besser auf dem Boden rollt. Beim Spielen mit dem Ball stellt das Kind fest, dass das Prellen des Balls nicht nur von seiner Größe, seinem Gewicht und seinem Material abhängig ist, sondern auch von dem Untergrund, auf dem er geprellt wird. Auf einer Wiese wird er sich anders verhalten als auf einer Asphaltfläche, auf dem Teppichboden im Bewegungsraum anders als auf dem Kunststoffboden im Flur.

In der aktiven Auseinandersetzung mit der Umwelt sammelt das Kind Erfahrungen, ordnet und speichert sie, greift auf sie zurück, wenn ihm Neues begegnet, überträgt sie auf andere Situationen, entdeckt Ordnungen und Regelmäßigkeiten – dies sind Prozesse, die zum Erwerb kognitiver Kompetenzen führen.

Denken vollzieht sich zunächst in der Form aktiven Handelns. Über die praktische Bewältigung von Situationen gelangt das Kind zu deren theoretischer Beherrschung (Zimmer 2020). Auf der konkreten Handlungsebene aufbauend entwickeln sich abstrakte Vorstellungen, das Kind kann sich dann auch mit Personen und Situationen auseinandersetzen, die nicht präsent sind. Es kann planen, bevor es handelt, und Ereignisse in Gedanken vorwegnehmen.

Grundlegend für die Entwicklung der kognitiven Kompetenzen sind die Möglichkeiten des Kindes, experimentierend und erforschend mit den Objekten seiner Umwelt umzugehen und selbstständig – aber auch in der Interaktion mit anderen – Erfahrungen sammeln zu können. Die auf diesem Weg gewonnenen Eindrücke können als dingliche oder auch als „materiale“ Erfahrung bezeichnet werden. Materiale Erfahrungen sind vor allem Erfahrungen physikalischer Phänomene. Kinder machen sie beim Variieren ihrer Handlungen unter verschiedenartigen Handlungsbedingungen. So sind Begriffe wie Schwung, Gleichgewicht, Beschleunigung, Schwerkraft etc. unmittelbar an das eigene Tun gebunden. Sie können von Kindern nur über grundlegende Bewegungstätigkeiten beim Schaukeln, Rutschen, Balancieren, Klettern, Rollen, Springen etc. gewonnen werden. Über die Veränderung der Spiel- und Bewegungssituationen (z.B. beim Balancieren über unterschiedlich breite und hohe Geräte, beim Halten des Gleichgewichts auf instabilen Materialien) erleben sie unmittelbar Ursache und Wirkungen und lernen, Zusammenhänge zu erkennen (vgl. Kapitel 2.3.2).

3.4 Bewegung und körperlich-motorische Entwicklung

In den ersten Lebensjahren vollziehen sich grundlegende körperliche und motorische Entwicklungsprozesse. Sie bilden auch die Basis für das spätere körperliche Leistungsvermögen und Wohlbefinden. Zur Ausbildung leistungsfähiger Organe benötigt der Organismus genügend Reize. Die Organsysteme des Körpers, zum Beispiel der passive und aktive Stütz- und Bewegungsapparat, das Kreislaufsystem und das Stoffwechselsystem, sind nicht allein von unseren Erbanlagen abhängig, sondern vor allem von der Qualität und Quantität ihrer Belastung. Kinder müssen täglich Gelegenheiten haben, sich zu verausgaben und damit quasi im Spiel funktionelle Reize zu erfahren. Aus pädagogischer und insbesondere aus medizinischer Sicht sind das Toben, Rennen und »Sichverausgaben« also durchaus wichtig für die körperliche und motorische Entwicklung des Kindes. Es regt das Herz-Kreislaufsystem an, trainiert die Muskulatur und verbessert die Koordinationsfähigkeit.

Bewegungsaktivitäten sind stets mit körperlichen Herausforderungen und Anpassungsprozessen verbunden. Sie trainieren die Muskulatur, stärken das Skelettsystem und das Herz-Kreislaufsystem. Beim Laufen, Rennen, Klettern und Springen werden Kraft, Ausdauer, Koordination und die Körperwahrnehmung unterstützt. Dies ist die Basis für den Erwerb körperlich-motorischer Leistungsfähigkeit und bildet die Grundlage für eine **gesunde Entwicklung** (Bös 2003; Graf 2017; Völker 2008).

Diese motorischen Kompetenzen sind die Voraussetzung für jede motorische Leistung. Sie reifen nicht von alleine und ohne Zutun heran, sondern entwickeln sich vor allem durch ihre Beanspruchung, indem sie bereits im Kindesalter vor allem durch vielfältige Gelegenheiten/Bewegungsmöglichkeiten geübt und herausgefordert werden. Zwar sind der aufrechte Gang und das Laufenlernen weitgehend genetisch vorgegeben, der Grad ihrer Ausformung ist jedoch abhängig von den Gelegenheiten des Kindes, sie zu üben und die motorischen Fähigkeiten zu erweitern (Winter & Hartmann 2015).

Wie viel Bewegung brauchen Kinder?

Die „Nationalen Empfehlungen für Bewegung und Bewegungsförderung" sehen für Kindergartenkinder eine Bewegungszeit von 180 Minuten pro Tag und mehr als empfehlenswert. Säuglinge und Kleinkinder sollen sich so viel wie möglich bewegen und so wenig wie möglich in ihrem natürlichen Bewegungsdrang gehindert werden (Rütten & Pfeiffer 2016).

Diese Forderung entspricht auch den von der Weltgesundheitsorganisation (WHO) aktuell herausgegebenen Leitlinien zur körperlichen Aktivität von Kindern. Für ein gesundes Aufwachsen von Kindern werden unter anderem folgende Empfehlungen ausgesprochen: Kinder im Alter von ein bis vier Jahren sollten sich mindestens drei Stunden täglich bewegen, dabei sollte eine Vielzahl von Aktivitäten und Bewegungsarten möglich sein. Bei Kindern über drei sollten darin auch mindestens 60 Minuten mit mittlerer und größerer Anstrengung enthalten sein, die sich über den Tag verteilen können. Sie sollten nicht mehr als eine Stunde am Tag körperlich inaktiv (sitzende Beschäftigungen etc.) sein (WHO 2019).

Ausreichende Bewegungsmöglichkeiten können also als Voraussetzung für Gesundheit und Wohlbefinden betrachtet werden. Das Verständnis von Gesundheit bezieht sich allerdings nicht allein auf die körperliche Funktionstüchtigkeit, es schließt auch psychische und soziale Faktoren ein. Dazu gehören die Entwicklung von Selbstwertgefühl und Selbstbewusstsein ebenso wie die Fähigkeit, mit anderen zu interagieren und zu kommunizieren. Diese Aspekte der emotionalen und sozialen Entwicklung sollen im Folgenden betrachtet werden.

3.5 Bewegung und emotionale Entwicklung

Bewegungssituationen beinhalten immer auch psychische Herausforderungen: Kinder lernen, sich einzuschätzen und mit Risiken umzugehen. Sie erleben durch ihre körperlichen Aktivitäten, dass sie selbst imstande sind, etwas zu leisten, ein Werk zu vollbringen. Sie erfahren in Bewegungshandlungen, dass sie Verursacher bestimmter Effekte sind, dass sie eine Wirkung hervorrufen und diese auf sich selbst zurückführen können. Selbstwirksamkeitserfahrungen bilden die Basis für den Aufbau eines positiven Selbstkonzepts. Dies ist die Grundlage für die emotionale Entwicklung (Zimmer 2019c).

Körperliche und gefühlsmäßige Prozesse sind bei Kindern besonders eng miteinander verbunden. Die Ganzheitlichkeit im Handeln und Erleben ist besonders stark ausgeprägt. Kinder nehmen Sinneseindrücke mit dem ganzen Körper wahr. Sie drücken ihre Gefühle in Bewegung aus, sie reagieren auf äußere Spannungen mit körperlichem Unwohlsein. Ebenso können freudige Bewegungserlebnisse zu einer körperlich wie psychisch empfundenen Gelöstheit führen. Kinder freuen sich bis »in die Füße«, sie spüren ihre Traurigkeit »im Bauch«, sie lassen Kopf und Schultern hängen, wenn sie niedergeschlagen sind. So können die Bewegungsäußerungen eines Kindes den Zugang zu seiner Innenwelt eröffnen. Das Bewegungsverhalten gibt uns Aufschluss über seine psychische Befindlichkeit, über Prozesse, die es unter Umständen sprachlich nicht ausdrücken kann oder will, die aber zum Verständnis des Kindes von wesentlicher Bedeutung sind. So kann durch Bewegungsspiele und Bewegungsaufgaben die Beziehung der pädagogischen Fachkraft zum Kind unterstützt werden.

In Bewegungshandlungen erleben Kinder, dass sie die Ursache bestimmter Effekte sind: Der Ball, den sie angestoßen haben, landet im Tor, auf dem Roller fahrend bewältigen sie einen Hindernisparcours, aus eigener Kraft schaffen sie den Aufstieg auf die Mauer. Im Umgang mit Dingen, in Spielsituationen und bei Bewegungsaufgaben rufen sie eine Wirkung hervor und führen diese auf sich selbst zurück. Das Handlungsergebnis verbinden sie mit der eigenen Anstrengung und dem eigenen Können. So entsteht ein erstes Bewusstesein über die eigenen Fähigkeiten. Kinder lernen durch Ausprobieren, Wiederholen und Üben: Ich habe etwas geschafft, ich kann es. Diese Erfahrungen bilden die Basis für das Selbstvertrauen (Zimmer 2019c).

Dabei kommt es auch auf die Haltung und das Verhalten der pädagogischen Fachkräfte an, wie sie die Kinder in ihren Versuchen, eine Bewegungsaufgabe zu lösen, begleiten, wie sie dazu beitragen, dass die Kinder eigene Stärken erkennen und mit Schwierigkeiten umzugehen lernen.

Bewegungsangebote sollten so gestaltet werden, dass sie möglichst allen Kindern Könnenserfahrungen und Erfolgserlebnisse vermitteln, das heißt, dass möglichst differenzierte Schwierigkeitsgrade enthalten sind, die bewegungssichere Kinder herausfordern, unsicheren Kindern aber auch die Chance der individuellen Bewältigung geben.

3.6 Bewegung und soziale Entwicklung

Bewegungsaktivitäten werden in der Regel zusammen mit anderen Kindern in einer Gruppe ausgeführt. Dabei lernen Kinder, miteinander zu kooperieren, sie machen Erfahrungen des Mit- und des Gegeneinanders, sie lernen, sich durchzusetzen und nachzugeben, Regeln aufzustellen und nach ihnen zu handeln – dies trägt zur Ausbildung sozialer Kompetenzen bei und ist **Grundlage der sozialen Entwicklung** (Pfeffer 2017; Zimmer 2020).

Als soziale Kompetenz bezeichnet man die Fähigkeit, in der Interaktion mit anderen die eigenen Wünsche und Bedürfnisse zum Ausdruck zu bringen, sich gleichzeitig aber auch in die Rolle anderer hineinzuversetzen und ihre Bedürfnisse und Wünsche im eigenen Handeln zu berücksichtigen.

Zwar gibt es auch im alltäglichen Spiel in der Kindertageseinrichtung viele Gelegenheiten, die soziales Verhalten erfordern. Pädagogisch begleitete und strukturierte Bewegungsangebote ermöglichen es jedoch, spezifische Situationen, in denen das Einnehmen und Aushandeln von Rollen, das Vereinbaren von Regeln, die Kontaktaufnahme und kooperative Verhaltensweisen relevant sind, bewusst zu initiieren.

Zu den **sozialen Kompetenzen** gehören unter anderem (Zimmer 2020, S. 40):

* **Empathie** – sich in die Lage eines anderen zu versetzen und seine Bedürfnisse und Wünsche zu erkennen und im eigen Verhalten zu berücksichtigen;
* **Konfliktfähigkeit** – Konflikte zu erkennen und zuzulassen, Kompromisse zu schließen, Regeln zur Lösung von Konflikten zu finden;
* **Toleranz und Rücksichtnahme** – Unterschiede zu erkennen und anzunehmen, die Besonderheiten anderer zu respektieren, Respekt vor anderen zu haben, Werte anderer zu verstehen und zu akzeptieren;
* **Kooperationsfähigkeit** – Ziele mit andern abzustimmen, Handlungen gemeinsam zu planen, gemeinsam Aufgaben zu bewältigen, anderen zu helfen, sie zu unterstützen.

Viele „Aufgaben" im Spiel können zum Beispiel nur gemeinsam gelöst werden. Im Spiel verfolgen Kinder ein gemeinsames Ziel, sie nehmen verschiedene Rollen ein, die für das Spiel wichtig sind. Die Kinder bauen zum Beispiel aus einem Pappkarton ein Boot und verständigen sich darüber, welche Materialien dazu gebraucht werden. Sie bemalen den Pappkarton und basteln aus Zeitungsblättern ein Segel für das Schiff. Dies erfordert Absprachen und

Kompromisse, es müssen auch weniger beliebte Aufgaben wie das abschließende Aufräumen übernommen werden. Größere Geräte wie eine Bank oder ein Kasten können nur weggeschoben werden, wenn mehrere Kinder dabei helfen. Ohne Zusammenarbeit wäre die Erreichung des Zieles nicht möglich.

Der Erwerb sozialer Kompetenzen ist auf Anlässe angewiesen, die Kinder in ihren Fähigkeiten herausfordern. Dabei geht es nicht um Belehrung, sondern um Erfahrung. Nur das selbst Erfahrene kann zur Verinnerlichung von Regeln führen – sodass diese dann auch auf andere Alltagssituationen übertragen werden können. Bewegungssituationen bieten gute Möglichkeiten zum Erwerb sozialer Kompetenzen (Zimmer 2020).

3.7 Didaktische Prinzipien der Bewegungserziehung

Die vorangegangenen Überlegungen machen deutlich, dass Bewegung den Prozess der Entwicklung von Kindern auf vielfältige Art unterstützen kann. Bewegungserziehung in der Kindertageseinrichtung nutzt diese Chance –, indem sie die Freude der Kinder an Bewegungsaktivitäten durch verschiedene Angebotsformen unterstützt (Ungerer-Röhrich 2011; Schwarz 2014).

Um dem Anspruch einer ganzheitlichen Entwicklungsförderung gerecht zu werden, sollten bei der Gestaltung der Bewegungserziehung in einem Bewegungskindergarten bestimmte didaktische Überlegungen berücksichtigt werden. Diese betreffen die Ziele, die mit den Bewegungsangeboten angestrebt werden, die Auswahl der Inhalte und auch die Formen der methodischen Vermittlung (Roth & Zimmer 2017)

Im Folgenden werden einige als „didaktische Prinzipien“ zu verstehenden Orientierungspunkte für die Gestaltung der Praxis der Bewegungserziehung erläutert (vgl. Zimmer 2020, S. 181ff.):

Kindgemäßheit

Bewegungsangebote im Kindergarten sollten sich grundsätzlich an den Interessen, Bedürfnissen und Fähigkeiten der Kinder orientieren. Kinder sollten zum Handeln herausgefordert, in ihren Fähigkeiten jedoch nicht überfordert werden. Die Angebote müssen den intensiven Bewegungsbedürfnissen der Kinder entsprechen und ihnen Möglichkeiten zum Ausleben ihres Bewegungsdranges geben.

Um der Neugierde und Entdeckungsfreude der Kinder gerecht zu werden, sollten die Bewegungsangebote immer wieder auch etwas Überraschendes, Unerwartetes beinhalten (z. B. ungewohnte Alltagsmaterialien, die in ihrer Verwendung zweckentfremdet werden). Andererseits lieben Kinder auch das Vertraute und Bekannte, es vermittelt ihnen Ordnung und Struktur. Das Thema der Bewegungsangebote muss daher nicht jedes Mal wechseln, sondern kann häufiger wiederholt werden. Variationen und Abänderungen werden dann oft von den Kindern selbst eingebracht.

Im Vordergrund steht die Freude der Kinder an der Bewegung und am Spiel. Nur eine lustvolle, fröhliche Atmosphäre, in der das Kind sowohl individuelle Stärken erleben kann als auch gleichzeitig lernt, mit den eigenen Grenzen umzugehen, wird nachhaltig zu einer positiven Einstellung zum eigenen Körper und zu Vertrauen in die eigenen Fähigkeiten führen.

Offenheit

Die Bewegungssituationen sollen offen sein für situative Interessen der Kinder. Trotz der Planungen durch die pädagogische Fachkraft, die sich vor allem auf die Auswahl der Inhalte und die Gestaltung der Rahmenbedingungen beziehen, muss ausreichend Raum für spontane Einfälle der Kinder vorhanden sein. Auch in den ersten Lebensjahren können Kinder bereits an der Gestaltung der Bewegungserziehung beteiligt werden, wenn man ihre Fantasie im Umgang mit Materialien und Geräten sowie ihre Fähigkeiten zur individuellen Deutung der Spielsituationen berücksichtigt.

Die Planung muss flexibel bleiben, sodass auch aktuelle Ereignisse aufgegriffen werden und die Kinder ihre eigenen Spielthemen entwickeln können.

Freiwilligkeit

Grundsätzlich sollte die Beteiligung an dem Bewegungsangebot den Kindern freigestellt werden. Im Vertrauen auf den Aufforderungscharakter der Geräte und Spielsituationen kann die pädagogische Fachkraft dem Kind die Entscheidung darüber überlassen, ob und wie es sich in das Spiel einbringt.

Einige – vor allem jüngere – Kinder brauchen zunächst einmal Zeit zum Beobachten und Zuschauen und beteiligen sich dann ganz von selbst. Die pädagogische Fachkraft kann das Kind zwar unterstützen und ermutigen, keinesfalls sollte sie es jedoch zu überreden versuchen oder es direkt auffordern.

Erlebnisorientiertheit und Sinnhaftigkeit

Bewegungsangebote sollten sich an der unmittelbaren Erlebniswelt des Kindes orientieren. Bewegungsgeschichten können die Spielhandlungen begleiten und auch Impulse für Veränderungen des Spielgeschehens geben.

Im Kindergartenalter haben Symbol- und Rollenspiele einen hohen Stellenwert. Die Bewegungssituationen werden oft in komplexe Spielhandlungen eingebunden, Geräten wird von den Kindern eine symbolische Bedeutung beigemessen: Eine Sprossenwand wird zum Beispiel zu einem Kletterbaum im Zoo. Hier gibt es Affenbabys und Affenmütter, gefährliche Raubtiere mit fletschenden Zähnen, einen Zoowärter, der Bananen verteilt, etc. Solche Darstellungsspiele ermöglichen, dass sich das Kind mit Personen, Tieren oder bestimmten Rollen identifiziert und dabei selbst Handlungsalternativen ausprobieren kann (Zimmer 2019c).

Der kindlichen Fantasie-Entwicklung sollte auch in Bewegungssituationen genügend Raum gegeben werden. Materialien und Geräte können nach eigenen Vorstellungen kombiniert und neu zusammengesetzt werden. So entstehen Erlebnisräume, in denen es Kindern möglich wird, »eigene« Welten zu bauen und sich intensiv mit sich in der selbst geschaffenen Umgebung auseinanderzusetzen.

Entscheidungsmöglichkeit

Sich entscheiden zu können bedeutet immer auch, alternative Wahlmöglichkeiten zu haben. Dies betrifft sowohl die generelle Teilnahme am Bewegungsangebot als auch die Entscheidung, innerhalb der Bewegungsspiele bestimmte Rollen einzunehmen oder eine Gerätekombination anderen vorziehen zu können. Kinder sollten die Möglichkeit haben, selbstbestimmt zu handeln und eigene Entscheidungen für oder gegen eine Tätigkeit oder eine Rolle zu fällen.

Diese Fähigkeit muss bei Kindern erst entwickelt werden. Einfache Übungsmöglichkeiten sind zum Beispiel das Einbeziehen der Vorschläge der Kinder zu Spielen, die sie gemeinsam in der Gruppe spielen wollen, und das anschließende Abstimmen, für welche Idee sie sich entscheiden. So können erste Formen demokratischen Handelns eingeübt werden.

Selbsttätigkeit

Handeln aus eigenem Antrieb ist für Kinder die Voraussetzung für die Entwicklung des »Ich«. Kinder werden auf diesem Weg dazu befähigt, selbst die Initiative zu ergreifen und für ihr Handeln auch Verantwortung zu übernehmen.

Häufig haben Kinder erfahren, dass erwachsene Bezugspersonen ihnen alle Schwierigkeiten aus dem Weg räumen, bei jedem Problem eingreifen, es für sie zu lösen versuchen. Auf diese Weise baut sich bei Kindern leicht eine konsumierende Haltung bis hin zur Passivität auf. Sie verlassen sich darauf, dass andere für sie da sind und ihnen jede Verantwortung und Entscheidung abnehmen.

Bewegungsangebote fordern zum selbsttätigen Handeln heraus. Die Geräte haben Aufforderungscharakter. Der Erfolg oder Misserfolg ihrer Handlungen kann von den Kindern unmittelbar auf die eigene Person zurückgeführt werden. Impulse durch die pädagogische Fachkraft sollten zu einer Erweiterung der kindlichen Handlungsmöglichkeiten führen; sie können den Blick der Kinder für Alternativen in der Benutzung der Geräte öffnen, neue Ideen anregen oder das Zusammenspiel der Kinder unterstützen.

Diese didaktischen Prinzipien geben sowohl Hinweise für das Verhalten der pädagogischen Fachkräfte als auch für die inhaltliche Gestaltung der Bewegungssituationen. Sie sind nicht notwendig an ein Medium – wie zum Beispiel die Bewegung – gebunden, sondern können ohne Weiteres als allgemeine Prinzipien des pädagogischen Handelns im Kindergarten verstanden werden. Bewegungsangebote sind aufgrund der Offenheit der Spielsituationen, der Möglichkeit der Einbeziehung der Kinder bereits bei der Planung und aufgrund des Aufforderungscharakters der Geräte und Materialien jedoch ein besonders gutes Beispiel für die Realisierung der pädagogischen Ansprüche in der Praxis. Sie können auch als Bestandteil der Prozessqualität eines Bewegungskindergartens betrachtet werden (vgl. hierzu Kapitel 6).

4 Das Konzept in der Praxis

Auf den vorgenannten theoretischen Überlegungen zur Bedeutung von Bewegung für die kindliche Entwicklung baut das Konzept des Bewegungskindergartens auf. Wie es sich in die Praxis umsetzen lässt, wird im Folgenden beschrieben.

4.1 Die Bausteine des Bewegungskindergartens

Ein Bewegungskindergarten setzt sich aus vielen verschiedenen Elementen, die man auch als Bausteine verstehen kann, zusammen. Bausteine allein reichen jedoch nicht aus, um ein stabiles Gebäude zu errichten. Ganz wichtig sind das Fundament und das Dach des Hauses. Sie bilden die Klammer, die alles zusammenhält.

Wie ein stabiles Haus ruht das Konzept des Bewegungskindergartens auf einem soliden Fundament, den anthropologischen Grundannahmen über das Wesen des Menschen (vgl. Kapitel 2.1). Das Bild des Kindes als Bewegungswesen ist die Basis des Konzepts (Zimmer 2020). Die Steine, aus denen das Haus gebaut werden kann, bestehen aus den vielfältigen Situationen und Möglichkeiten zur Bewegung, die den Kindern zur Verfügung stehen. Zu den Bausteinen zählen unter anderem regelmäßige Bewegungsangebote und eine Raumgestaltung, die viele Bewegungsmöglichkeiten bietet. Treppen, Flure und Verkehrsflächen sind nicht nur funktionell gestaltet, sondern fordern zu sinnlichen Erfahrungen und zu selbst organisiertem Spielen auf. Das trifft natürlich gleichermaßen auf das Außengelände zu, das Kinder zu vielfältigen Sinneswahrnehmungen anregen sollte. So paradox es klingen mag, auch ein Bewegungskindergarten sollte wenigstens zeitweise ein Ort der Stille, der Ruhe, der inneren Bewegung sein, an dem Wege zum In-sich-Hineinhören, zur Konzentration und Entspannung gefunden werden. Ein wichtiger Baustein des Bewegungskindergartens ist die Mitwirkung der Eltern. „Bewegte Elternabende“, bei denen die Eltern selbst in Bewegung kommen können, gemeinsame Spielnachmittage für Eltern und Kinder, Projekte, an denen Eltern sich beteiligen können, tragen dazu bei, dass die Erziehungspartnerschaft mit den Eltern unterstützt wird und Bewegungsbedürfnisse der Kinder auch im häuslichen Umfeld mehr berücksichtigt werden.

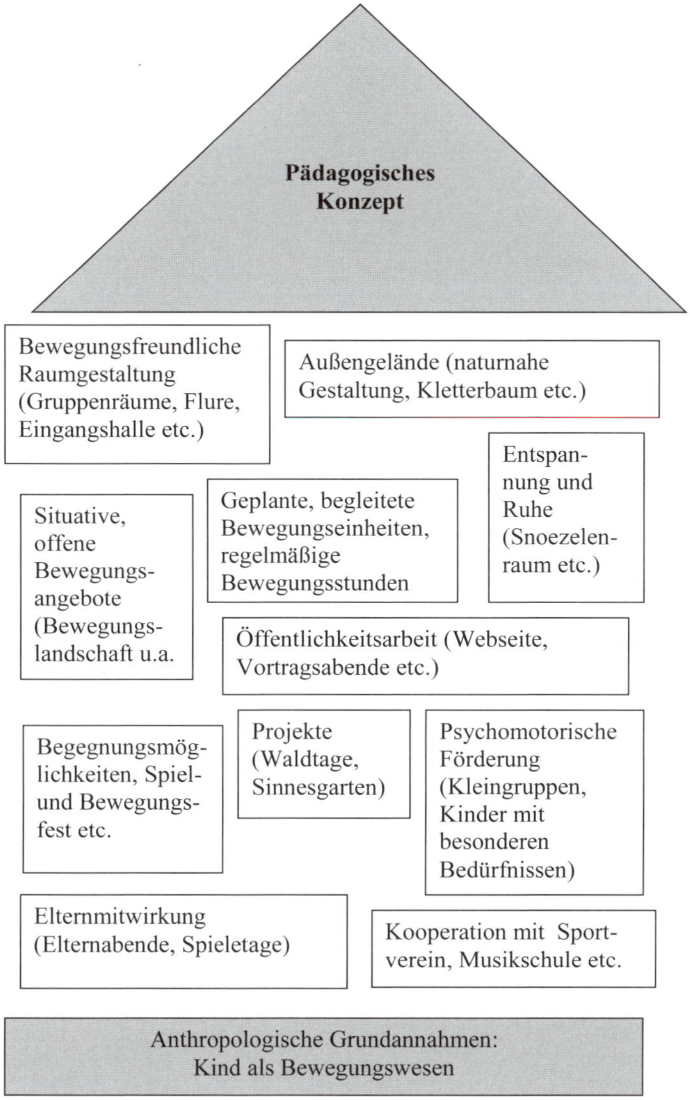

Die Bausteine des Bewegungskindergartens benötigen neben dem festen Fundament ein Dach, das Schutz und Begrenzung gewährt. Das pädagogische Konzept erfüllt die Funktion eines solchen Daches. In ihm ist die gemeinsame pädagogische Grundorientierung festgeschrieben; es enthält die pädagogischen Leitideen, die das Team auf der Basis theoretischer Überlegungen und der Auseinandersetzung mit der Fachliteratur erstellt hat und nach denen es in der Praxis arbeiten will.

Die Bausteine eines Bewegungskindergartens werden im Folgenden mithilfe einiger Beispiele beschrieben:

4.2 Bewegungsfreundliche Raumgestaltung

Kinder brauchen Räume, die ihrem Bewegungsdrang entgegenkommen, die sie nicht einengen, sondern ausreichend Platz und Gelegenheit für großräumige Aktivitäten und Bewegungsspiele bieten. Dies trifft sowohl auf die Gestaltung der Innenräume des Bewegungskindergartens zu als auch für seine Außenraumgestaltung. Schon beim ersten Betreten einer Kindertageseirichtung sollte Besucherinnen und Besuchern die Bewegungsfreundlichkeit des Hauses deutlich werden: Lädt der Eingangsbereich bereits zu Bewegung und Spiel ein, zum Bauen mit großen Schaumstoffwürfeln, zum Balancieren auf einer Bank oder zum Springen auf einem kleinen Trampolin?

4.2.1 Innenräume

Ideale Voraussetzungen liegen beim Vorhandensein eines – genügend großen – Mehrzweck- oder Bewegungsraumes vor. Verfügt der Kindergarten nicht über einen speziellen Bewegungsraum, ist es besonders wichtig, im Gruppenraum auch Möglichkeiten für bewegungsintensivere Aktivitäten der Kinder einzurichten. So kann zum Beispiel eine Ecke mit Matratzen, Kissen und einigen Schaumstoffblöcken ausgestattet werden. Diese Bewegungsecke schützt auch die Kinder, die ruhebedürftiger sind und sich gerade auf eine ganz andere Beschäftigung konzentrieren, vor den lebhaften Spielen der anderen.

Bei der Einrichtung des Gruppenraums sollte auf multifunktonales Mobiliar geachtet werden: Anstelle von Tischen und Stühlen, die viel Raum beanspruchen, sollten eher Podesten in unterschiedlichen Höhen der Vorzug gegeben werden; sie können als Tische oder Sitzgelegenheiten verwendet werden, eignen sich aber auch zum Bauen, für Rollenspiele und für Sitzkreise.

Auch andere Räume und Nischen des Kindergartens können **für Bewegungsspiele »freigegeben«** werden:

* Flure eignen sich zum Fahren mit Laufrädern und Rutschautos; haben sie einen glatten, rutschigen Bodenbelag, kann man sie als „Schlittschuhbahn“ nutzen (auf zwei Staubtüchern oder weichen Putzlappen rutschen und schlittern).
* Eingangshallen können in eine Bewegungslandschaft verwandeln werden. Durch das Bereitstellen von Bewegungsgeräten kann hier ein situativ zu nutzender Bewegungsraum entstehen, der sogar keiner unmittel-

baren Aufsicht durch eine pädagogische Fachkraft bedarf, da die Halle meist von verschiedenen Gruppenräumen her einsehbar ist.

* Nischen und Ecken können mit einem weichen Teppich und Matten oder Matratzen ausgelegt und so zu einer »Tobe-Ecke« umfunktioniert werden.
* Ein an der Decke angebrachtes Klettertau nimmt wenig Platz in Anspruch; wird es dicht an einer Wand angebracht, kann diese sogar in das Klettern einbezogen werden.
* Auch wenig genutzte kleine Räume lassen sich im Sinne einer Erweiterung der Spiel- und Bewegungsmöglichkeiten nutzen: Mit Schaumstoffteilen, Styroporblöcken, Decken und wechselnden Kleinmaterialien ausgestattet, laden sie die Kinder zum Bauen und zu Bewegungsspielen ein.
* Sanitärräume mit breiten Waschbecken und Wannen bieten sich für ein ausgiebiges Experimentieren mit Wasser an.

Ideal ist, wenn neben dem Bewegungsraum auch ein Geräteraum vorhanden ist, in dem die für Bewegungsangebote notwendigen Klein- und Großgeräte untergebracht werden können – mit einem direkten Zugang zum Bewegungsraum. Hier einige **Vorschläge zur Ausstattung mit Geräten und Materialien:**

* Kästen, Matten, Bänke, Kombinationsgeräte zum Klettern und Balancieren
* Kleingeräte (z.B. Reifen, Bälle in verschiedenen Größen und aus unterschiedlichem Material, Seile, Stäbe, Tücher, Sandsäckchen, Schaumstoffelemente)
* Psychomotorische Geräte (z.B. Rollbretter, Pedalos, Wackelbretter, Halbkreisel, farbige Teppichfliesen, Schwungtuch)
* Alltagsmaterialien (z.B. Zeitungen, Wolldecken, Kartons, Bierdeckel, Bettlaken)
* Roll- und Fahrgeräte (z.B. Rollschuhe, Roller, Dreiräder, Laufräder und Fahrräder, Kettcars und Rutschautos)
* Bauelemente, die aus ausrangierten Gebrauchsmaterialien bestehen und drinnen wie draußen zum selbstständigen Bauen und Sich-bewegen genutzt werden können (z.B. Autoreifen und Autoschläuche, Bretter, stabile Getränkekisten, Dränagerohre)

4.2.2 Das Außenspielgelände

Die Gestaltung der Außenspielflächen hängt von der Lage des Kindergartens (ländliche oder städtische Wohnumgebung), der Größe des Geländes und den finanziellen Möglichkeiten des Trägers ab. Aber auch kleinere Außenflächen können durch geschickt ausgewählte und arrangierte Geräte, vor allem aber auch durch mobiles Material, das zum Bauen und Selbergestalten anregt, der Fantasie und der Bewegungsfreude der Kinder entgegenkommen.

Eine naturnahe Gestaltung des Außengeländes entspricht den Bedürfnissen der Kinder nach freiem Spiel ganz besonders. Bäume und Büsche dienen nicht nur der landschaftlichen Gestaltung und der Einfriedung des Spielgeländes, sie eignen sich auch zum Klettern, Verstecken und zum Befestigen von Spielgeräten. Mauern fordern zum Besteigen und Balancieren auf.

An stabilen Bäumen können Taue zum Klettern sowie Schaukeln und Strickleitern angebracht werden; geeignete Bäume auf dem Gelände sollten auch als Kletterbäume »freigegeben« werden, denn hier ist das Klettern oft viel interessanter als auf künstlichen Klettergerüsten. Ist der Abstand zwischen den Bäumen nicht allzu groß, können Hängematten aufgehängt und Seile zwischen zwei Bäumen zum Balancieren oder zum Hangeln gespannt werden.

Abgeholzte Bäume oder Baumstämme bieten – auf einer Wiese liegend – Gelegenheiten zum Klettern, Balancieren, Steigen und Springen. Baumabschnitte in unterschiedlichen Höhen können zum Sitzen verwendet oder aber ebenfalls zum Balancieren und Springen genutzt werden.

Fensterlose Gebäudewände eignen sich für Ballspiele. Besonders reizvoll ist das Werfen, wenn man ein Ziel anpeilen kann. Freie Wandflächen können mit großflächigen Zeichnungen (z. B. ein Clown, an dessen Hand ein Eimer ohne Boden oder ein Basketballkorb angebracht ist) versehen werden. Auch einfache geometrische Symbole (Kreise oder Vierecke in verschiedenen Größen und unterschiedlich hoch aufgemalt) werden von den Kindern als Zielscheiben benutzt.

Auf Asphaltflächen oder Plattenbelag können Hüpfkästchen und Spielmarkierungen aufgezeichnet werden; am liebsten malen die Kinder mit Straßenkreide selber Bilder auf die Erde. Fantasievolles Spielen kommt vor allem dann zustande, wenn mobile Materialien, also Kleingeräte, ausrangierte Alltagsgegenstände, Werkzeug und Baumaterial zur Verfügung stehen.

Draußenspielen kann sich auch auf das nähere Umfeld des Kindergartens erstrecken. Vor allem für Einrichtungen mit kleinräumigem Außengelände ist es wichtig, öfter einmal das Kindergartengelände zu verlassen und nahegelegene Spielplätze oder auch öffentliche Plätze, die sich zum Spielen eignen, aufzusuchen. So kann die pädagogische Fachkraft zum Beispiel mit den Kindern in den Wald oder den Stadtpark gehen, eine Wanderung über Wiesen machen, das Wohnviertel um den Kindergarten herum erkunden. Auf dem Weg ist es vor allem wichtig, dass die hier vorgefundenen Bewegungsgelegenheiten genutzt werden dürfen: über Bordsteinkanten balancieren, auf Mauern klettern, über Gräben springen, Treppenstufen ersteigen.

Draußenspielen ermöglicht auch, die situativen Bewegungsanlässe der Natur für grundlegende Betätigungsformen zu nutzen: rennen und laufen, springen und klettern, balancieren und steigen, kriechen und hängen, rutschen und ziehen, rollen und wälzen, heben und tragen – all das ist zum Beispiel bei einem Waldtag in besonderer Form möglich (Miklitz 2011).

4.3 Situative Bewegungsgelegenheiten und begleitete, geplante Bewegungseinheiten

Zu den Angeboten im Bewegungskindergarten gehören sowohl situative Gelegenheiten, die sich durch eine bewegungsfreundliche Raumgestaltung und eine gewährende Haltung der Fachkräfte ergeben, als auch offene Bewegungsangebote, die den Kindern in Form von Bewegungsbaustellen oder frei zugänglichen Bewegungsräumen zur Verfügung stehen und ebenso regelmäßige, pädagogische begleitete Bewegungseinheiten.

4.3.1 Situative Bewegungsgelegenheiten

Im Kita-Alltag gibt es viele Situationen, die Kinder für Bewegungsspiele nutzen. Verfügt der Kindergarten über einen Bewegungsraum, sollte dieser den Kindern möglichst jederzeit offenstehen. Auch der Eingangsbereich, Flure oder der Gruppenraum sollten für Bewegung zur Verfügung stehen.

Bewegungsmöglichkeiten sollten so in den Tagesablauf integriert werden, dass sie Bestandteil des täglichen Lebens in der Kita sind. Kinder sollten jederzeit ihrem Bedürfnis nach Bewegung nachkommen können, ohne dabei andere zu stören, die unter Umständen mehr Ruhe für konzentriertere Betätigungen oder Spiele brauchen.

Auch Kinder, die ruhigere Beschäftigungen vorziehen, müssen zu ihrem Recht kommen. Eine solche Forderung ist nur einzulösen durch eine differenzierte Raumgestaltung, die den unterschiedlichen Bedürfnissen der Kinder gerecht wird. In einem Kindergarten, bei dem die Gruppen offen arbeiten und jedes Kind sich individuell entscheiden kann, wo und was es spielt, wird dies eher möglich sein als in einer Einrichtung, in der sich der gesamte Kita-Tag einer Gruppe in einem Raum abspielt.

Bewegungslandschaften

Ein Beispiel für offene Bewegungsangebote ist die »Bewegungslandschaft«, die Kindern vielfältige Möglichkeiten zum selbstgesteuerten, fantasievollen Bewegungsspiel gibt (Ungerer-Röhrich 2011, S. 25ff.). Der Bewegungsraum, die Eingangshalle, ein Mehrzweckraum werden wie eine Landschaft gestaltet: Geräte werden so miteinander kombiniert und durch Kleinmaterialien ergänzt, dass sich verschiedene Ebenen, unterschiedliche materiale Untergründe oder Hindernisse ergeben, die Kinder zum Erproben vielfältiger Grundbewegungsformen anregen und auffordern (Zimmer 2014).
Ähnlich wie in der Natur gibt es

- Gräben zum Überspringen (z. B. Matten, die in regelmäßigen Abständen nebeneinander auf dem Boden liegen)
- Berge und Hügel zum Hinaufklettern und Herabspringen (Kästen, Matten und große, aufeinander getürmte Schaumstoffelemente)
- Schmale Stege zum Balancieren (Turnbänke oder zu einer langen Reihe zusammengestellte Stühle; Getränkekisten, die mit Brettern untereinander verbunden sind)
- Abhänge zum Rutschen und Klettern (schiefe Ebenen aus einer Bank, die an der Sprossenwand, an einem Kasten oder einem Tisch eingehängt ist)
- Tunnel, unter denen man hindurchkriechen oder -fahren kann (Rollbretter und Tische, die als Hindernisse dienen)

Bewegungslandschaften können ganz auf die individuellen Bedürfnisse von Kindern verschiedener Altersstufen abgestimmt werden. Für jüngere Kinder können sie »bodennah« gestaltet werden: Mit Decken, Kissen, Matten, flachen Kästen und Schaumstoffblöcken bieten sie erste Herausforderungen bereits im Krabbelalter. Hier erfahren Kinder die Beschaffenheit verschiedener

Untergründe, überwinden Hindernisse, kriechen durch Tunnel und krabbeln über Kissenberge, verstecken sich unter Tüchern (Zimmer 2014).

Die Bewegungsbaustelle

Eng verwandt mit der Bewegungslandschaft ist die Bewegungsbaustelle. Hierzu werden Kisten (z.B. Getränkekisten), Balken, Holzlatten, Reste von Drainagerohren, Autoreifen eingesetzt. Die einfachen Dinge regen Kinder zum Bauen, Kombinieren und selbstständigen Schaffen von Bewegungsparcours an. Meist wird die Bewegungsbaustelle auf dem Außengelände eingesetzt (Miedzinski & Fischer 2009).

Das Material bietet wenige Vorgaben, es kann beliebig kombiniert werden: Brücken werden gebaut, indem Bretter auf zwei entfernt stehende Autoreifen gelegt werden, schräg hinauf führen sie auf eine Getränkekiste, von der man zur anderen Seite hinabrutschen kann. Auf das Rundholz wird ein Brett gelegt, und schon entsteht eine Wippe, auf der zwei Kinder gemeinsam wippen können. Je einfacher die Materialien sind, umso mehr ist die Fantasie der Kinder gefordert. Es bedarf auch der Absprachen untereinander, denn eine Bewegungsbaustelle ist nur in der Gruppe einzurichten.

Die Kinder lernen, sich zu verständigen, abzusprechen und gemeinsam Ideen zu entwickeln. Dabei müssen sie sich gegenseitig helfen, Kompromisse schließen, Regeln aufstellen und sich daran halten. Sie lernen, Rücksicht zu nehmen und mit Konflikten umzugehen.

Auch die Motorik der Kinder wird vielfältig herausgefordert: Zum Transport und zum Aufbau der Materialien brauchen sie Kraft und Geschicklichkeit. Es sind vor allem großmotorische Bewegungserfahrungen, die die Kinder hier gewinnen. Das Gleichgewicht erproben, auf den Balken balancieren, auf den Brettern kippeln und wippen, Hindernisse überwinden oder sich unter ihnen hindurchwinden, klettern und springen – diese Grundbewegungsformen können in vielfältiger Form erprobt werden.

Die Kinder lernen in Bewegungslandschaften und ebenso auf der Bewegungsbaustelle aber auch die spezifischen Eigenschaften der Geräte kennen, machen Erfahrungen mit physikalischen Gesetzmäßigkeiten: Hält das Brett das Gewicht? Wie muss das Brett über das Rundholz gelegt werden, damit eine Wippe entsteht? Sie gewinnen Einblicke in statische Gesetze: Welche Geräte eignen sich als Unterbau und wie schwer und groß dürfen die Aufbauten sein?

Bewegungsbaustelle und Bewegungslandschaft sind offene Bewegungsangebote – sie entstehen aber nicht zufällig und sind auch nicht ungeplant. Sie erfordern Vorbereitung hinsichtlich der Materialien und Gerätekombinationen, sind aber dennoch offen für die spezifischen Interessen und Bedürfnisse der Kinder und lassen ihnen einen möglichst großen Freiraum.

Es wäre ein Trugschluss zu meinen, dass die pädagogische Fachkraft hier überflüssig wäre. Sie begleitet die Kinder, mischt sich nur ein, wenn für die Kinder unerkennbare Gefahren entstehen oder ein Kind noch Hilfe benötigt. Sie nimmt Anteil an den Aktivitäten, bestärkt die Ideen der Kinder, sie ist präsent und erkennt die Leistungen der Kinder an.

Bewegungslandschaften können so individuell gestaltet werden, dass sie für alle Könnens- und Altersstufen unterschiedliche Schwierigkeitsgrade bereitstellen. Sie sind daher besonders gut geeignet, in altersgemischten Gruppen den Spiel- und Bewegungsbedürfnissen einer breiten Altersspanne gerecht zu werden. Die Kinder können sich die ihnen angemessenen Schwierigkeitsgrade selber aussuchen. Sie können länger oder kürzer bei einer Station verweilen, sie können die Stationen häufig wechseln oder aber die gleiche Aufgabe immer wieder wiederholen.

4.3.2 Regelmäßige, geplante und begleitete Bewegungseinheiten

Neben den situativ entstehenden Bewegungsgelegenheiten sollte es regelmäßige, zeitlich geplante Bewegungsangebote geben, in denen ganz bestimmte inhaltliche Schwerpunkte im Vordergrund stehen. Sie sind nicht durch die situativen Bewegungsanlässe zu ersetzen, da hier in einem größeren Zeitrahmen mit den Kindern auch komplexere Themen bearbeitet werden können.

Das Spiel- und Bewegungsrepertoire kann durch Impulse der pädagogischen Fachkraft, durch vorbereitetes Material oder bewusst gestaltete Gerätearrangements erweitert werden.

Üblicherweise werden die geplanten, regelmäßigen Bewegungszeiten als »Turn-« oder »Bewegungsstunde« bezeichnet. Sie dauern in der Regel 30 bis 40 Minuten und sind häufig mit bestimmten Ritualen verbunden, zu denen zum Beispiel ein Raum- und Kleidungswechsel gehört.

Auch diese Form der Bewegungserziehung sollte dem Prinzip der Offenheit folgend gestaltet werden, damit trotz der Vorplanung und Betreuung durch die pädagogische Fachkraft innerhalb der Bewegungsstunden genügend Spielraum für situative Bedürfnisse der Kinder, für ihre spontanen Einfälle und individuellen Wünsche bleibt.

Bewegungsstunden laufen nicht nach einem starren Schema ab. Sinnvoll ist der Wechsel zwischen Phasen des freien Spiels, in denen die Kinder sich selbstständig mit Geräten oder Materialien beschäftigen, und Phasen, in denen die Impulse stärker von der pädagogischen Fachkraft ausgehen. Sie dienen der Erweiterung des Bewegungsrepertoires der Kinder, regen zu Problemlösungen an und stellen die Kinder vor Herausforderungen (Zimmer 2021a, 2021b).

4.4 Möglichkeiten der Begegnung – Feste und Ausflüge, Spieletage

In einem Bewegungskindergarten sollten vielfältige Möglichkeiten der Begegnung geschaffen werden, um auch die Familien, Großeltern oder Geschwisterkinder einzubeziehen So kann zum Beispiel das alljährliche Sommerfest unter das Motto »Spiel – Bewegung – Spaß« gestellt oder zur »Spaßolympiade« werden. Spiel- und Bewegungsangebote für die ganze Familie, die das Miteinanderspielen ermöglichen, sollten hier im Vordergrund stehen. Die Angebote werden so ausgewählt, dass sie Betätigungen für alle Altersstufen bieten und neben den Geschwistern vielleicht sogar die Großeltern mitmachen können.

Ein Festival der Sinne

Die Sinne und das Spiel mit der sinnlichen Wahrnehmung können zum Thema eines Festes (Sommerfest, Spielfest) werden, das Aufregung und Entspannung zugleich verspricht. Eltern werden dazu eingeladen, sich gemeinsam mit ihren Kindern auf sinnliche Erlebnisse einzulassen: mit Händen und Füßen »sehen«, das Gleichgewicht verschaukeln, am Klangbaum experimentieren, das Schnupperkarussell erkunden, die Geschmacksbar besuchen, in der Riesenhängematte entspannen – dies alles und noch viele andere Sinn-Stationen gibt es für Kinder und Eltern beim »Festival der Sinne« zu erleben (vgl. Zimmer 2019a).

Spielnachmittag

Zwar haben die Kinder in einem Bewegungskindergarten nicht automatisch sportliche Eltern, meist aber sind sie dem Sport und der Bewegung gegenüber aufgeschlossen und gerne bereit, sich an gemeinsamen Bewegungsaktionen zu beteiligen. Ein Spielnachmittag bietet Gelegenheit, miteinander zu spielen und voneinander zu lernen. Besonders spannend ist ein solcher Spielnachmittag, wenn er unter einem bestimmten Motto steht, zum Beispiel »Alte Spiele – neue Spiele«.

Eltern oder auch Großeltern sammeln Spiele, die sie aus ihrer eigenen Kindheit in Erinnerung haben, stellen sie ihren Kindern vor und probieren sie gemeinsam mit ihnen aus: Reifen treiben, Kreiselschlagen, der Plumpsack geht um, Bäumchen-wechsel-dich, Blindekuh, Ballprobe, Stelzengehen, Murmelspiele. Großen Anklang findet immer wieder das Seilspringen, früher eines der selbstverständlichsten Spiele der Kinder auf der Straße, auf dem Schulhof oder auf Hinterhöfen. Am großen Schwungseil versuchen mehrere Kinder und Erwachsene, gemeinsam zu springen. Schließlich werden noch ein paar neue Spiele vorgestellt, die auch zu Hause in der Wohnung oder in Hof oder Garten gespielt werden können.

4.5 Psychomotorische Förderangebote

Ein Bewegungskindergarten steht allen Kindern offen, nicht nur den sportlich talentierten. Deswegen wird es zwischen den Kindern immer große Leistungsunterschiede geben; besondere Aufmerksamkeit sollten die pädagogischen Fachkräfte den Kindern widmen, die aus unterschiedlichen Gründen ihr Potenzial nicht voll entfalten können. Für Kinder mit einem besonderen Unterstützungsbedarf ist es sinnvoll, zusätzliche Förderangebote im Sinne einer psychomotorischen Entwicklungsbegleitung und -förderung anzubieten (Bender, Martzy & Schache 2013; Beins & Cox 2001).

Die psychomotorische Förderung hat das Ziel, über Bewegungserlebnisse zur Stabilisierung der Persönlichkeit beizutragen – also einerseits das Vertrauen in die eigenen Fähigkeiten zu stärken, andererseits aber auch zu einer Verbesserung der Bewegungs- und Wahrnehmungsfähigkeiten des Kindes beizutragen. Bewusst sollte die psychomotorische Förderung in einer Kleingruppe mit nicht mehr als fünf bis sechs Kindern durchgeführt werden, um auf die spezifischen Bedarfe der Kinder eingehen zu können.

Im Vordergrund stehen erlebnisorientierte Bewegungsangebote, die dem Kind die Möglichkeit geben, eine positive Beziehung zu seinem Körper und damit zu sich selbst aufzubauen, wodurch auch die Beziehung zu anderen gefördert wird. Diese Erfahrungen des Selber-wirksam-Seins unterstützen die Entwicklung eines positiven Selbstkonzepts (Zimmer 2012, 2019c).

4.6 Bildungs- und Erziehungspartnerschaft mit den Eltern

Um die Erziehungspartnerschaft zu stärken, ihnen einen möglichst umfassenden Einblick in die pädagogische Arbeit im Kindergarten zu geben, sollten die Eltern in möglichst viele Aktivitäten einbezogen werden. Im Bewegungskindergarten gibt es hierfür zahlreiche Anlässe – von der Begleitung bei Waldtagen, gemeinsamen Spielenachmittagen bis zur Beteiligung an einem Projekt. Dazu gehören zum Beispiel:

- Elternabende, bei denen das Konzept des Bewegungskindergartens vorgestellt und diskutiert wird
- Mitwirkung der Eltern bei der Durchführung von Projekten oder größeren Vorhaben
- Gemeinsame Spieletage für Eltern und Kinder
- Mitwirkung der Eltern bei bestimmten Bewegungsangeboten (Ausflüge, Schwimmkurs, Waldtage)
- Themenspezifische Vorträge über die Bedeutung von Bewegung und Spiel für die Entwicklung von Kindern, die auch der Öffentlichkeit zugänglich sind
- Feste und Feiern im Kindergarten, bei denen für Eltern und Kinder gemeinsame Bewegungsangebote gemacht werden

Eine gute Zusammenarbeit mit den Eltern bringt nicht nur Entlastung bei der Durchführung organisatorischer Aufgaben und handwerklicher Tätigkeiten. Sie trägt insbesondere zum Aufbau einer vertrauensvollen Beziehung, aber auch zur Identifizierung der Eltern mit »ihrem« Kindergarten bei und schafft Gelegenheiten zum informellen gegenseitigen Kennenlernen und zum Austausch.

4.7 Öffentlichkeitsarbeit

Zur Öffentlichkeitsarbeit gehört unter anderem eine Homepage, auf der die Einrichtung sich vorstellt, Hinweise zum pädagogischen Profil gibt, das pädagogische Konzept bzw. die eigene Konzeption beschreibt, auf besondere Aktionen verweist oder auch Aufrufe für bestimmte Maßnahmen startet. Sich darstellen, das eigene Profil in der Öffentlichkeit vertreten, über die besonderen Ziele und Arbeitsweisen der jeweiligen Einrichtung informieren – das sind Maßnahmen, die durch die Verbreitung der sozialen Medien heute fast selbstverständlich geworden sind. So können Informationen über das pädagogische Konzept und die Rahmenbedingungen des Kindergartens von den Interessenten direkt abgerufen werden.

Um das Profil der Einrichtung deutlich hervorzuheben, können auch ein Informationsblatt erstellt, ein Film über die vielfältigen Aktivitäten gedreht und gezeigt oder ein öffentlicher Informationsabend veranstaltet werden. Eine Vortragsreihe zu spezifischen Themen wie »Was Kinder durch Bewegung lernen«, die interessierten Eltern anderer Kindergärten und der Öffentlichkeit ebenfalls zugänglich ist, kann das Ansehen der Einrichtung stärken und gleichzeitig auf wesentliche Probleme heutiger Kindheit hinweisen.

Ein Tag der offenen Tür in der Einrichtung gehört zu den weiteren Möglichkeiten, die einem aktiven Kita-Team offenstehen. Die »Imagepflege« beginnt bereits bei der Namensgebung eines Kindergartens. Namen wie »Grashüpfer«, »Mobile« oder »Springmäuse« signalisieren, dass Bewegung hier einen besonderen Stellenwert hat.

4.8 Öffnung nach außen – Kooperationen

Die Kooperation mit der benachbarten Grundschule, mit dem in der Nähe befindlichen Sportverein oder mit Kunst- und Musikschulen ermöglicht eine Zusammenarbeit auf unterschiedlichen Ebenen. Dies reicht von der gemeinsamen Nutzung von Räumen (Turnhallen, Spielflächen, Schwimmhallen) bis hin zum personellen Austausch, wenn etwa Übungsleiter des Sportvereins gemeinsam mit den pädagogischen Fachkräften Bewegungsangebote für die Kinder durchführen oder die Musikschule einen Trommelkurs für die Kinder des Bewegungskindergartens in dessen Räumen anbietet.

Umgekehrt kann auch der Bewegungskindergarten die Kooperationspartner „bereichern“, wenn zum Beispiel ein gemeinsames Projekt mit einem Seniorenheim durchgeführt wird. Die Kinder besuchen regelmäßig die Bewohnerinnen und Bewohner des Seniorenheimes, sie führen mit einer Gruppe der alten Menschen gemeinsame Aktivitäten durch: Malen, Trommeln, aber auch einfache Bewegungsspiele mit Material, das auch für ältere Menschen geeignet ist (Softbälle, Luftballons, Schwungtuch). Wenn Kinder und Senioren „turnen“, spielen, trommeln, ergeben sich für beide Gruppen bereichernde Erfahrungen.

4.9 Die Qualifikation der pädagogischen Fachkräfte

Die Qualifikation der pädagogischen Fachkräfte stellt die wichtigste Voraussetzung für die Umsetzung des Konzepts Bewegungskindergarten dar.

Zwar ist jede Fachkraft durch ihre Ausbildung auch für Bewegungserziehung qualifiziert. In einem Bewegungskindergarten haben die meisten Mitarbeiterinnen und Mitarbeiter jedoch an zusätzlichen Fortbildungsmaßnahmen zur Psychomotorik, Rhythmik oder zur frühkindlichen Bewegungserziehung teilgenommen. Die Qualifikation der pädagogischen Fachkräfte spielt für die Qualität der Einrichtung eine besondere Rolle, sie betrifft sowohl die Strukturqualität als auch die Prozessqualität (vgl. Kapitel 3.1).

Eine zusätzliche Qualifikation ist vor allem dann notwendig, wenn durch die Integration von Kindern mit Behinderungen besondere Fördermaßnahmen notwendig sind. Hier bietet sich insbesondere die Psychomotorik an (Fischer 2019: Lensing-Conrady 2019).

Unter dem Aspekt der Qualifikation sollte allerdings auch bedacht werden: Kinder brauchen pädagogische Fachkräfte, die nicht nur eine hohe Fachkompetenz besitzen, sondern authentische Vorbilder sind. Eine Pädagogin, ein Pädagoge in einem Bewegungskindergarten sollte also selbst Freude am Sich-bewegen haben. Es sollte den Fachkräften keine Last sein, sich mit den Kindern auf ein Fangspiel einzulassen. Sie sollten im Bewegungsraum nicht nur die distanzierten Beobachter spielen können, deren Aufgabe sich in der Aufsichtspflicht erschöpft. Natürlich müssen pädagogische Fachkräfte keine Leistungssportlerinnen oder -sportler sein, gleichwohl sollten sie aber eine gute Beziehung zu ihrem Körper haben und über Bewegung einen guten Zugang zu den Kindern finden.

4.10 Vom Konzept zur Konzeption

Aus dem Konzept des Bewegungskindergartens leitet sich die Konzeption der jeweiligen Einrichtung ab. Die Überlegungen zum Konzept, wie sie in diesem und dem vorhergehenden Kapitel vorgestellt werden, sind allgemeine Grundlagen. Sie müssen für jede einzelne Kita konkretisiert, auf die individuelle Situation der Einrichtung abgestimmt werden.

Die Erstellung einer Konzeption ist von den Trägern der Einrichtungen vorgeschrieben – meist ist sie sogar Voraussetzung für die Betriebszulassung. Konzeptionen können als eine umfassende schriftliche Ausarbeitung der inhaltlichen Schwerpunktsetzungen einer Einrichtung beschrieben werden. Dabei werden alle Akteure und Akteurinnen innerhalb einer Einrichtung (pädagogische Fachkräfte, Kinder, Eltern), aber auch Kooperationspartner außerhalb der Einrichtung einbezogen.

Die Konzeption greift die pädagogische Realität auf, sie stellt das Konzept in einen Zusammenhang zu den individuellen Rahmenbedingungen der Kindertageseinrichtung. Jede Konzeption ist damit einmalig und spiegelt das spezifische Profil der einzelnen Einrichtung wider (Krenz 2008). Sie ist als das Ergebnis eines gemeinsamen Prozesses der Erarbeitung der pädagogischen Fachkräfte anzusehen. In diesen Prozess fließen das theoretische sowie praktische Wissen der Fachkräfte ein (Groot-Wilken 2015).

Konzepte und Konzeptionen haben beide eine profilgebende Funktion (ebd., S. 8); Konzeptionen stellen darüber hinaus auch eine rechtliche Vorgabe für das Handeln der Fachkräfte dar.

Eine Kindertageseinrichtung, die sich das Profil „Bewegung" geben will, wird sich also zunächst einmal mit dem theoretischen Konzept auseinandersetzen. Dann werden die pädagogischen Fachkräfte Überlegungen anstellen, wie das Konzept in ihrer Einrichtung realisiert werden kann, welche Schwerpunkte besonders hervorgehoben, welche aufgrund der konkreten Rahmenbedingungen weniger beachtet werden müssen. An dieser Konzeption wird sich auch ihr künftiges Handeln in der Einrichtung orientieren. Auch neu eingestellte Kolleginnen und Kollegen werden sich auf die Konzeption des Bewegungskindergartens einlassen (müssen).

In der Konzeption zeigt sich das besondere Profil der Kindertageseinrichtung. In einem Bewegungskindergarten wird Bewegung als das Gestaltungsinstrument der pädagogischen Arbeit verstanden. Die bewegungspädagogische Ausrichtung gründet auf der Überzeugung, dass Bewegung für die Entwicklung eines Kindes eine außerordentlich große Bedeutung hat.

5 Ein Tag in einem Bewegungskindergarten

Wie sieht ein Tag in einem Bewegungskindergarten aus? Unterscheidet er sich von einem Tag in einem »normalen« Regelkindergarten? Jeder Bewegungskindergarten wird seinen eigenen Rhythmus mit eigenen Schwerpunkten haben. Die folgende Schilderung eines Tagesablaufes ist daher allein als ein Beispiel anzusehen.

5.1 Bewegungs(t)räume im »Pinguinland«

Da der Tagesablauf in einem Kindergarten nur vor dem Hintergrund der Rahmenbedingungen der Einrichtung zu verstehen ist, sollen diese vorweg beschrieben werden. Das »Pinguinland« ist eine Kindertagesstätte, die in einem Vorort einer mittelgroßen Stadt gelegen ist. Hier können circa einhundert Kinder im Alter von ein bis sechs Jahren aufgenommen werden.

Die Räume sind großzügig zugeschnitten: Jeder der Gruppenräume verfügt über eine zweite Ebene, auf der unterschiedliche Aktivitäten stattfinden. So sind auf einer Empore ein Bällchenbad und eine Matratzenlandschaft zu finden; auf einer anderen Ebene sind Bauklötze und größere Bauelemente vorhanden, die Kinder haben ihr den Namen »Bauhaus« gegeben. Beide Ebenen sind durch breite Holztreppen miteinander verbunden und werden oft als Spielorte genutzt.

Die Gruppenräume sind statt mit Stühlen mit trapezförmigen Podesten bestückt, die sich einerseits als Sitzmöbel, andererseits als Bewegungsgeräte (Springen, Balancieren) oder für Rollenspiele (Schiff, Haus) einsetzen lassen. Außerdem gibt es für jedes Kind ein farbiges Sitzkissen, das seinen Einsatz zum Beispiel im Morgenkreis (anstelle von Stuhlkreis) findet.

Ein großer Bewegungsraum – mit anschließendem Geräteraum – steht den Kindern für die spezifischen Bewegungsangebote und die psychomotorische Förderung zur Verfügung. Darüber hinaus kann der Raum auch in der Freispielzeit aufgesucht werden – unter Beachtung bestimmter Regeln und Grenzen, die mit den Kindern abgesprochen sind. Zusätzlich gibt es eine Werkstatt, die mit Werkbänken, Schraubstöcken sowie »echtem« Werkzeug ausgestattet ist und über einen großen Maltisch verfügt.

Ein ursprünglich als Materialraum vorgesehenes Zimmer ist als Entspannungsraum nach der Idee des »Snoezelen« eingerichtet: mit Matratzen und Polstern in einheitlichen hellen Farben, gedämpftem Licht, einer Duftlampe und der Möglichkeit, leise Musik einzuspielen. Der Raum steht für Ruheübungen zur Verfügung. Er wird auch von den Kindern genutzt, die sich gerne einmal zurückziehen wollen. An den Wänden in den Fluren und im Eingangsbereich sind Tastbilder und Klangkörper angebracht, sodass es für die Sinne überall etwas zu entdecken gibt.

Der Kindergarten verfügt über ein großes Außengelände, das neben Rutschen und Schaukeln vorwiegend naturnah angelegt ist. Das Gelände ist durch Hügel, Mulden, Sandflächen, Bäume, liegende Baumstämme und Weidentunnel so gestaltet, dass sich viele Bewegungsanlässe ergeben.

In der Kindertagesstätte arbeiten zehn ausgebildete Erzieherinnen; die von der Gruppenleitung freigestellte Leiterin hat eine Zusatzqualifikation Psychomotorik erworben. Die Gruppenleiterin der integrativen Gruppe hat eine heilpädagogische und psychomotorische Zusatzausbildung. Alle pädagogischen Fachkräfte des Kindergartens haben Fortbildungen im Bereich Bewegungserziehung und Psychomotorik besucht.

5.2 Individuelle Bedürfnisse und freies Spielen bestimmen den Tagesbeginn

David, vier Jahre alt, wird regelmäßig um 7.30 Uhr in den Kindergarten gebracht. Seine Mutter muss um 8 Uhr ihren Dienst beginnen, daher nimmt sie den Frühdienst des Kindergartens in Anspruch. David würde viel lieber noch ein bisschen länger schlafen. Den Bär unter dem Arm eingeklemmt betritt er – meist ziemlich müde – die Eingangshalle. Und weiter kommt er zunächst gar nicht, denn dort hängt in einer Ecke ein großes Schaukeltuch an der Decke – sein Zufluchtsort vor allem dann, wenn er noch nicht ganz wach ist. »Na David, erst mal 'ne Runde schaukeln?«, begrüßt ihn die Erzieherin, die den Frühdienst begleitet. Eigentlich sollte das Schaukeltuch nur vorübergehend in der Halle seinen Platz finden, aber die Kinder lieben es so sehr, dass es zunächst einmal hängenbleibt. Und so ist es der morgendliche Zufluchtsort von David geworden. Er legt sich mit seinem Bär in das Tuch und genießt die rhythmischen Schaukelbewegungen. Manchmal gesellt sich noch ein anderes Kind zu ihm. Das Tuch ist groß genug für mehrere Kinder.

Ein früher Start im Kindergarten heißt für das Kind oftmals, dass es aus dem Schlaf geholt wird. Ein Schaukeltuch kann Geborgenheit und Ruhe geben. Hier kann das Kind Energien für den langen Tag sammeln. Der Übergang vom Familienleben zum Kindergarten fällt leichter, wenn ein Kind zunächst noch die Möglichkeit hat, sich zurückzuziehen.

Bis 9 Uhr ist im Kindergarten Freispielzeit, die von den Kindern unterschiedlich genutzt wird. Die einen brauchen noch Ruhe, wie zum Beispiel David, andere begeben sich gleich zu dem Spielmaterial, das ihnen noch vom Vortag in Erinnerung ist, bauen oder suchen Spielpartner für den Bewegungsraum, in dem sie, nach vorheriger Absprache mit der Erzieherin, spielen dürfen. Wieder andere begeben sich in die Küche mit dem großen Essplatz, um erst einmal zu frühstücken.

In der Freispielzeit werden Spielorte, Spielmaterial, Spielinhalte und Spielpartner selbstständig gewählt; die Erwachsenen geben nichts vor, die Kinder müssen sich selbst entscheiden, was sie tun wollen. Auch hier ist bei vielen Kindern bereits die Bevorzugung von Bewegungsspielen zu erkennen.

5.3 Tagesstruktur – Morgenrunde – Gesprächskreis

Bis 9 Uhr sollten alle Kinder im Kindergarten angekommen sein. Dies ist eine Bitte an die Eltern, damit ein gemeinsamer Start in die Aktivitäten in der Gruppe möglich ist.

Die Morgenrunde beginnt mit einem Bewegungsspiel – „Fitnessrunde" haben es die Kinder benannt: Die Kinder holen sich für die Morgenrunde erst einmal ihr Kissen, legen es in den Kreis, und dann beginnt ein kleines Bewegungsprogramm: zum Beispiel Hampelmannsprünge, oft begleitet von einem Lied. Die Kinder dürfen selbst Vorschläge für ihr „Fitnessprogramm" machen, das circa fünf Minuten dauert. Hasenhüpfen, Balancieren auf einem Bein oder „Karussell" (sich im Sitzen schnell um die eigene Achse drehen) – das sind einige der Bewegungsideen der Kinder. Dabei achten sie „streng" darauf, dass auch die beiden Erzieherinnen der Gruppe mitmachen.

Zum Abschluss legen die Kinder sich auf ihr Kissen und machen eine kurze Ruhepause, bevor sie sich wieder in den Kreis setzen oder auch legen. Gemeinsam wird dann überlegt, wer da ist und wer heute fehlt. Besonderheiten des Tages werden angesprochen und Wünsche der Kinder für den Kia-Tag gesammelt. Abschließend werden spezifische Angebote besprochen, die an diesem Tag gruppenübergreifend von den Erzieherinnen gemacht werden.

5.4 Angebote – vom Kletternetz bis zum Holzschiffbau

Die mehr oder weniger vorbereiteten Angebote, für die sich die Kinder entscheiden können, finden in verschiedenen Räumen des Kindergartens oder draußen statt. Eine Erzieherin ist zum Beispiel in der Werkstatt. Dort will eine Gruppe von Kindern Holzschiffe herstellen, die sie in einem Wasserbassin auf dem Freigelände schwimmen lassen möchten. Schon seit Tagen sind die Kinder dabei, das Holz zu bearbeiten, zu sägen, zu hobeln, zu schleifen und zu bemalen.

Im Bewegungsraum ist eine Bewegungslandschaft aufgebaut, eine bestimmte Anzahl von Kindern kann den Raum selbstständig nutzen. Es gelten Regeln: Die Anzahl der Kinder ist begrenzt, es dürfen ohne Aufsicht einer pädagogischen Fachkraft nur acht Kinder hinein.

Bewegung steht auch im Mittelpunkt beim Spiel in einem Gruppenraum, in dem ein großes Kletternetz an der Wand befestigt ist. Matten auf dem Boden, eine an der Decke befestigte, schaukelnde Regentonne, die auch gegen eine Hängematte oder eine Tellerschaukel ausgetauscht werden kann, bieten Raum und Gelegenheit für Kinder, die sich zwar für Bewegung entschieden haben, aber nicht in den Bewegungsraum gehen wollen. Die Erzieherin gibt Hilfen, setzt Grenzen, wenn die Kinder zu wild von dem Kletternetz auf die Matten springen, und unterstützt, wo dies notwendig und erforderlich ist. Im Entspannungsraum liest eine Erzieherin einer kleinen Gruppe von Kindern eine Geschichte vor.

Bei den meisten Angeboten ist die Teilnahme auf eine bestimmte Anzahl von Kindern beschränkt. Die Anzahl ist von der Raumgröße oder von den jeweiligen Aktivitäten abhängig.

Neben den gruppenübergreifenden Angeboten können die Kinder sich für eigene Tätigkeiten entscheiden. Manche wollen zum Beispiel ein im Freispiel begonnenes Rollenspiel fortführen und ziehen sich dafür auf die Empore eines Gruppenraumes zurück. Andere haben schon am frühen Morgen nur einen einzigen Wunsch: draußen spielen.

Durch die Angebote sollen Impulse für die Erweiterungen der Erfahrungen und Kompetenzen gesetzt werden. Die Angebote können unterschiedlich lange dauern, sind aber zeitlich befristet, damit den Kindern danach ausreichend Zeit zum freien Spielen und zum Verarbeiten der Erfahrungen bleibt. Oft ist es jedoch so, dass die Kinder nach der Angebotszeit weiter an dem Thema arbeiten, also in der Werkstatt oder im Bewegungsraum bleiben.

5.5 Das Außengelände ist immer zugänglich

Das große Außengelände des Kindergartens steht den Kindern jederzeit zur Verfügung. Wenn frühmorgens nur wenige Kinder draußen sind, ist nicht immer eine Erzieherin anwesend, da die Spielflächen größtenteils von den Gruppenräumen her einsehbar sind. Zu Beginn der Angebotszeit befindet sich jedoch mindestens eine Erzieherin auf dem Außenspielgelände. Sie ist nicht nur Aufsichtsperson, sondern zugleich Ansprechpartnerin der Kinder. Sie regelt die Spielgeräteausgabe, begleitet die Kinder in ihren Spielvorhaben und gibt selbst Impulse. So teilt sie Springseile aus und beteiligt sich am Seilspringen, indem sie ein großes Schwungseil an einer Reckstange auf der Wiese befestigt und auf diese Weise einen beliebten Anlaufpunkt für vielfältige Seilspiele schafft. Während die Kinder auf dem Freigelände mit den Seilen den unterschiedlichsten Spielideen nachgehen (Pferdchenspiele, Lassoschwingen, Flaschenzüge an einer Reckstange bauen), steht hier das »richtige« Seilspringen im Vordergrund. Die Erzieherin gibt Tipps, greift die Ideen der Kinder auf, ermuntert, wenn das Springen noch nicht so richtig klappen will.

Im Winter, wenn Schnee liegt, werden draußen Iglus gebaut. Bei Hitze im Sommer ist eine Wasserrutsche aus Plastikplanen, die über den leicht abschüssigen Hang gelegt werden, die große Attraktion. Bei solchen situationsabhängigen Spielanlässen wird der Tagesplan kurzerhand umgestellt. Meist sind dann alle Kinder so lange wie möglich draußen, arrangieren ein Fußballspiel, klettern in den Bäumen oder fahren auf den Roll- und Fahrgeräten.

5.6 Mittagsrunde – Gemeinsames Spielen

Um 11.30 Uhr versammeln sich die Kinder mit den Erzieherinnen (ihrer Stammgruppe) in ihrem Gruppenräumen. Diese Runde dient dem gemeinsamen Austausch. Es werden Sing- und Kreisspiele durchgeführt oder kleine Regelspiele erprobt. Gegen 12.30 Uhr gibt es Mittagessen, danach ist eine

Stunde lang Ruhezeit. Manche Kinder verbringen sie mit einem Mittagsschlaf, andere ziehen sich in die Kuschelecke zum Musikhören oder Vorlesen zurück.

Der Nachmittag ist dem freien Spielen vorbehalten. Eine Ausnahme bildet die psychomotorische Förderung, die von einer Erzieherin insbesondere für die Kinder der integrativen Gruppe, aber auch für einige andere Kinder, die ansonsten die Bewegungssituationen eher meiden, die ängstlich und sehr zurückhaltend sind, angeboten wird. Für diese Kleingruppe (maximal 5 Kinder) werden die Kinder von der Erzieherin nach Rücksprache mit den Eltern ausgewählt.

Das Pinguinland hat bis 17 Uhr geöffnet, aber die meisten Kinder werden zwischen 14 und 16 Uhr abgeholt. Auch David, der den Nachmittag meist mit seinen Freunden auf dem Außengelände mit Klettern, Bauen und Fußballspielen verbringt.

5.7 Projekte und besondere Anlässe

Der regelmäßige Tagesrhythmus bietet den Kindern Struktur und Rückhalt. Der Wechsel zwischen Freispiel und Angebot, zwischen vertrauter Gruppe und gruppenübergreifenden Aktivitäten, zwischen selbstständigem Entscheiden und Hilfen durch andere Kinder oder Erwachsene hat sich in der Kindertagesstätte »Pinguinland« bewährt. Wenn möglich, werden auch längerfristige Projekte, an denen die Kinder sich beteiligen, in ihn eingegliedert.

Hin und wieder wird der Rhythmus jedoch durch besondere Aktionen unterbrochen: Mindestens einmal im Monat wandern alle »Pinguine« in den nahegelegenen Wald und verbringen dort den ganzen Vormittag. Die Waldtage dauern jeweils drei Vormittage, damit das Spielen über einen längeren Zeitraum fortgesetzt werden kann.

Besondere Tage sind auch die gemeinsamen Spielnachmittage für Eltern und Kinder oder das jährliche Winter- und Sommerfest. Meist haben sie ein Motto wie »Fest der Sinne« oder »Abenteuer im Dschungel«, das Bewegungsspiele einbezieht.

5.8 Beobachtung und Dokumentation der Entwicklungsprozesse der Kinder

Für alle Kinder der Einrichtung werden die beiden Beobachtungs- und Dokumentationsverfahren BaSiK (Begleitende alltagsintegrierte Sprachentwicklungsbeobachtung in Kindertageseinrichtungen, Zimmer 2019d) und MotorikPlus (Beobachtung psychomotorischer Kompetenzen von Kindern im Alltag von Kindertageseinrichtungen, Zimmer 2021a) durchgeführt. Die Beobachtungen werden über das ganze Jahr verteilt vorgenommen, an ihnen sind beide Gruppenerzieherinnen beteiligt.

5.9 Elternmitwirkung und Elterngespräche

Die Eltern haben im Kindergarten Pinguinland jederzeit die Möglichkeit, den Kita-Alltag mitzuerleben. Längerfristige Terminabsprachen sichern, dass immer nur eine begrenzte Anzahl von Eltern anwesend ist.

Auch an Projekten nehmen Eltern teil. Vor den Gruppenräumen befinden sich Informationswände, auf denen über geplante Aktivitäten und Besonderheiten berichtet wird. Regelmäßig werden Elternbriefe mit Informationen über bevorstehende Ereignisse versendet.

Ein bis zweimal im Jahr wird den Eltern ein Termin für ein Entwicklungsgespräch angeboten. Bei diesen Gesprächen werden die Beobachtungsbögen von BaSiK und MotorikPlus (Zimmer 2019d, 2021a) einbezogen.

6 Qualitätskriterien: Was zeichnet einen guten (Bewegungs-) Kindergarten aus?

Die Frage nach der Qualität eines Kindergartens beschäftigt nicht nur die Eltern, die auf der Suche nach einem Kindergartenplatz für ihr Kind sind. Auch die Trägervertreter und die pädagogischen Fachkräfte selbst setzen sich mit der Frage auseinander, was denn einen wirklich guten Kindergarten auszeichnet, welche Kriterien er erfüllen sollte.

Im folgenden Kapitel soll zunächst die Perspektive der Kinder eingenommen werden – bereits hier spielt der Aspekt der Bewegung eine wichtige Rolle. Nach einer allgemeinen Betrachtung von Qualitätsmerkmalen werden nationale Kriterien zur Beurteilung der pädagogischen Qualität in Kitas vorgestellt, um daran anschließend Beispiele sogenannter Gütesiegel vorzustellen, die für die Zertifizierung von Bewegungskindergärten herangezogen werden.

6.1 Qualität aus der Kinderperspektive

„Was ist eine gute Kita?" – stellt man Kindern diese Frage, kommen Antworten zutage, die für Erwachsene nicht ohne Weiteres als Qualitätskriterien gelten. „Wo ich den ganzen Tag mit meinen Freunden draußen spielen kann", „Wo man in der Turnhalle toben und klettern und springen kann", „Am liebsten spiele ich mit Ben Verstecken in den Büschen draußen" – das sind Antworten, die Kinder der Verfasserin auf die Frage gaben, was sie an ihrer Kita gut finden und was sie gerne machen.

Mit der „Kita-Qualität aus Kindersicht" befasste sich eine Studie, in der konsequent die Perspektive der Kinder eingenommen wurde (Nentwig-Gesemann, Walther & Thedinga 2017). Mithilfe von teilnehmender und videobasierter Beobachtung versuchte die Forschergruppe, „typische", also immer wiederkehrende Dimensionen guter Kita-Qualität aus Kindersicht herauszuarbeiten. Dabei erfuhren sie, welche Themen für die Kinder relevant waren, welche Dinge und Orte in der Kita für sie wichtig waren und wie sie bestimmte Dinge bewerteten. Folgende **Qualitätsdimensionen** stellten sich **aus der Sicht der Kinder** heraus:

- Sich einer Gemeinschaft zugehörig und in der eigenen Individualität wertgeschätzt fühlen (**Individualität und Zugehörigkeit**)
- Sich selbst als kompetent erleben und als kompetent anerkannt werden (**Kompetenzerleben**)
- Möglichkeiten der Selbst- und Fremdbestimmung erfahren (**Autonomie und Partizipation**)

(Nentwig-Gesemann u.a. 2017, S. 24)

Insbesondere die Dimension „Kompetenzerleben“ war durch viele Situationen gekennzeichnet, in denen die Kinder Bewegungsspiele initiierten, risikoreiche Situationen bewältigten und mit großer Begeisterung ihr Können zeigten und übten. Zu dieser Qualitätsdimension resümierte das Froscherteam, **was den Kindern wichtig war:**

- Sich im eigenen Können ge- und bestärkt fühlen: „Ich kann etwas, mir wird etwas zugetraut.“
- Sich frei und raumgreifend bewegen: „Ich kann mich frei bewegen und den gesamten Raum erleben.“
- Sich selbst und die Welt explorativ erkunden und existenzielle Themen bearbeiten: „Wir erforschen die Welt und suchen nach Antworten auf schwierige Fragen.“

Aus der Perspektive der Kinder stellten alle Situationen und Interaktionen einen positiv erlebten Erfahrungsschatz dar, in denen sie sich als selbstbestimmte, selbstgesteuerte und selbstwirksame Akteure und Akteurinnen erlebten, die ihr Können unter Beweis stellten, und in denen sie Herausforderungen bewältigten. Das freie und raumgreifende, manchmal sogar risikoreiche Sich-Bewegen zusammen mit anderen Kindern war dabei mit besonderer Lust verbunden. Die Kinder schätzten daher Innen- und Außenräume, die ihrem Bewegungsdrang so wenig wie möglich Grenzen setzten (Nentwig-Gesemann u.a. 2017, S. 43).

Die Studie belegt anhand vieler Beobachtungen und Äußerungen der Kinder, dass Bewegung aus Kindersicht einen wichtigen Aspekt von Qualität in Kindertageseinrichtungen darstellt. So benannten die Kinder, wenn sie ihre Lieblingsspiele und -orte angeben sollten, immer wieder Bewegungsaktivitäten und führten sie vor.

6.2 Qualität aus der Erwachsenenperspektive

Auch aus der Erwachsenenperspektive muss die pädagogische Qualität einer Kindertageseinrichtung zuerst vom Kind und seinen Bedürfnissen aus gesehen werden. Damit sind nicht nur physische Grundbedürfnisse, sondern vor allem auch psychische Grundbedürfnisse nach Bindung, Kompetenz- und Autonomieerleben gemeint (Becker-Stoll & Wertfein 2013).

Ganz allgemein kann von einer **qualitativ guten Tageseinrichtung** gesprochen werden, wenn

- die Gruppengrößen und die personelle Ausstattung eine gute emotionale Beziehung des Kindes zu anderen Kindern und den pädagogischen Fachkräfte zulassen,
- in ihr die körperliche, motorische wie auch kognitive, emotionale, soziale und sprachliche Entwicklung des Kindes gleichermaßen begleitet und unterstützt wird,
- das Kind in seiner Selbstständigkeitsentwicklung und in seinem individuellen Kompetenzerleben gestärkt wird und gleichzeitig auch elementare Regeln des Zusammenlebens in einer sozialen Gemeinschaft erfährt,
- die Entwicklung des Kindes durch situative oder gezielte Anregungen unterstützt wird,
- sich das Kind in der Einrichtung wohlfühlt, auf jeden Kindergartentag freut und in der Gruppe freundschaftliche Beziehungen knüpfen konnte,
- unterschiedliche Aktivitätsbereiche vorhanden sind, die sowohl Bewegung als auch ruhigere Betätigungen ermöglichen,
- sich auch die pädagogischen Fachkräfte in der Einrichtung wohlfühlen und mit dem pädagogischen Konzept identifizieren können,
- die Eltern als Erziehungspartner und -partnerinnen ernst genommen werden und die Zusammenarbeit mit ihnen zu einer Atmosphäre des gegenseitigen Vertrauens führt.

Dies sind allgemeine Merkmale, die sicherlich durch weitere Kriterien ergänzt werden können.

Die Frage nach der pädagogischen Qualität in Kindertageseinrichtungen ist ein allgemeines, in der Frühpädagogik kontinuierlich diskutiertes Thema. Pädagogische Qualität bezieht sich auf die Rahmenbedingungen einer Einrichtung, die räumlichen und personalen Voraussetzungen, vor allem aber auch auf die Qualität der Betreuung der Kinder durch die pädagogischen Fachkräfte. Die Verbesserung der pädagogischen Qualität ist eine ständige und fortlaufende Aufgabe. Bevor die Qualitätskriterien eines Bewegungskindergartens diskutiert werden, sollen im Folgenden zunächst einmal allgemeine Dimensionen der pädagogischen Qualität erörtert werden.

6.3 Qualität aus fachwissenschaftlicher Perspektive: Nationaler Kriterienkatalog

In Deutschland hat sich in der elementarpädagogischen Fachdiskussion Übereinstimmung erzielen lassen, was unter guter pädagogischer Qualität in Kitas zu verstehen ist. Gute pädagogische Qualität ist dann gegeben, wenn „die jeweiligen pädagogischen Orientierungen, Strukturen und Prozesse [einer pädagogischen Einrichtung] das körperliche, emotionale, soziale und intellektuelle Wohlbefinden und die Entwicklung und Bildung der Kinder in diesen Bereichen aktuell wie auch auf Zukunft gerichtet fördern und die Familien in ihrer Betreuungs- und Erziehungsaufgabe unterstützen“ (Tietze u.a. 2007, S. 6).

Um die pädagogische Qualität zu überprüfen, wurde durch ein Expertengremium ein „Nationaler Kriterienkatalog“ erstellt, in dem Qualitätskriterien für gute pädagogische Fachpraxis beschrieben werden. Ziel war es, ein umfassendes Instrument zur Erfassung, Sicherung und Weiterentwicklung von Qualität in Tageseinrichtungen für Kinder bereitzustellen (Tietze & Viernickel 2016). Dieser Kriterienkatalog ist angelehnt an ein Modell von Donabedian (1980), der den Qualitätsbegriff auf den Gesundheitsbereich, insbesondere auf die medizinische und pflegerische Versorgung, übertragen hat. Von ihm stammt die Unterteilung der Qualitätsdimensionen in Struktur-, Prozess- und Ergebnisqualität.

Der Aufbau des sich auf die Bildung, Betreuung und Erziehung von Kindern in der Altersspanne zwischen 0 und 6 Jahren bezogenen **Kriterienkatalogs** ist durch zwei Ebenen geprägt: Aud der **ersten Ebene** durch 20 Qualitätsbereiche, die zentrale Bereiche pädagogischer Arbeit in der Kita widerspiegeln. Für sie werden wissenschaftlich fundierte Merkmale für eine gute pädagogische Arbeit in Tageseinrichtungen für Kinder benannt (Tietze & Viernickel 2016). Qualitätsbereiche des Kriterienkatalogs sind zum Beispiel Raum für Kinder, Mahlzeiten und Ernährung, Fantasie- und Rollenspiel, Bauen und Konstruieren, Ästhetische Bildung, Kognitive Entwicklung, Sozial-emotionale Entwicklung und Bewegung. Als **zweite Ebene** sind diesen Qualitätsbereichen „Leitgesichtspunkte zur pädagogischen Qualität" zugeordnet, die sich auf folgende Bereiche beziehen: Räumliche Bedingungen, Erzieherin-Kind-Interaktion, Planung, Nutzung und Vielfalt von Material, Individualisierung und Partizipation. Innerhalb der Ebenen werden Kriterien aufgeführt, die den Qualitätsstandard beschreiben. Diese Dimensionen sollen im Folgenden kurz erläutert werden. Ein Qualitätsstandard setzt sich aus der Struktur-, Prozess- und Ergebnisdimension zusammen.

Strukturqualität

Die Strukturqualität meint die von außen vorgegebenen räumlich-materialen, sozialen und personalen **Rahmenbedingungen in den Einrichtungen.** Dazu gehören die Gruppengröße, verfügbare Räume drinnen und draußen sowie andere Ausstattungsmerkmale der Einrichtung. Außerdem bezieht sich die Strukturqualität auf die Fachkraft-Kind-Relation, die Qualifikation des Personals, die Fortbildungsmöglichkeiten etc. Diese Rahmenbedingungen sind in der Regel durch Träger und durch politische Entscheidungen bestimmt und von den pädagogischen Fachkräften nur wenig oder gar nicht beeinflussbar.

Prozessqualität

Prozessqualität bezieht sich auf die realisierte Pädagogik, auf die Anregungen, die die Kinder in den einzelnen Bildungsbereichen erhalten, die Interaktionsprozesse zwischen dem pädagogischen Personal und den Kindern wie auch den Kindern untereinander. Es geht also um den **Umgang mit dem Kind,** um die Erziehungspartnerschaft mit den Eltern, aber auch um die **damit verbundenen Haltungen und Werte** der pädagogischen Fachkräfte und Träger.

Ergebnisqualität

Unter Ergebnisqualität sind die möglichen **Auswirkungen auf die Bildungs- und Entwicklungsprozesse der Kinder** zu verstehen. Im pädagogischen Bereich sind zum Beispiel durch Angebote und Fördermaßnahmen Auswirkungen auf die motorischen oder die sprachlichen Kompetenzen der Kinder zu erwarten. Voraussetzung für die Prüfung der Ergebnisqualität sind eine regelmäßige Beobachtung der Kinder und die Dokumentation ihrer Entwicklungsprozesse.

Auf diese Qualitätsdimensionen wird im folgenden Abschnitt, in dem es ganz speziell um die Qualität des Bewegungskindergartens geht, Bezug genommen.

6.4 Gütesiegel und Markenzeichen – Qualitätsmerkmale eines Bewegungskindergartens

Im Zuge der bundesweiten Verbreitung von Bewegungskindergärten befassen sich nicht nur Organisationen des Sports, sondern auch die Kultus- und Familieministerien der Bundesländer und weitere Institutionen und Fachgremien (Unfallversicherungen, Krankenkassen, Fachinstitute und Forschungsinstitutionen) mit der Frage nach Qualitätsstandards der Bewegungskindergärten. Auf dieser Basis werden Kriterien erstellt, die für die Vergabe von Zertifikaten oder Gütesiegeln herangezogen werden. Oft beraten sie die Kindertageseinrichtungen auch und überprüfen, ob die Voraussetzungen für die Auszeichnung erfüllt sind. Die Kriterien reichen von der Ausstattung mit Material und Räumen über die Qualifikationen der pädagogischen Fachkräfte bis hin zur Einbeziehung des Themas Bewegung in die Zusammenarbeit mit Eltern. Im Folgenden werden einige Beispiele aus den Bundesländern zusammengefasst. Eine ausführliche und differenzierte Übersicht über die durch den organisierten Sport lizensierten Kindertageseinrichtungen in den jeweiligen Bundesländern wird von Schwarz (2014) vorgelegt.

In **Nordrhein-Westfalen** verleihen seit 1999 Landessportbund und Sportjugend bei Erfüllung bestimmter Voraussetzungen das Zertifikat „Anerkannter Bewegungskindergarten des Landessportbundes Nordrhein-Westfalen". Zu den Voraussetzungen für die Vergabe des Gütesiegels gehören folgende Kriterien:

- Der Träger des Kindergartens muss eine Kooperation mit einem ortsansässigen Sportverein eingehen, dem für die Leitung von Bewegungsangeboten speziell ausgebildete Übungsleiterinnen und -leiter zur Verfügung stehen.
- Bewegungserziehung ist als Prinzip im pädagogischen Konzept der Einrichtung festgeschrieben.
- Die Leitung und mindestens eine Gruppenleiterin je Gruppe müssen die Sonderausbildung „Bewegungserziehung im Kleinkind- und Vorschulalter" des Landessportbundes oder eine gleichwertige Ausbildung nachweisen; darüber hinaus muss die regelmäßige Teilnahme an Fortbildungsveranstaltungen zur Bewegungserziehung nachgewiesen werden.

* Voraussetzung ist, dass ein geeigneter Bewegungs- bzw. Mehrzweckraum und eine kindgerechte Geräteausstattung zur Durchführung von Bewegung, Spiel und Sport und/oder ein entsprechendes Außengelände im nahen Umfeld zur Verfügung stehen.
* Pro Kindergartenjahr werden mindestens zwei Elternabende mit Informationen über Bewegung, Spiel und Sport durchgeführt.

Sind diese Bedingungen erfüllt, kann ein Antrag auf Verleihung des Zertifikates gestellt werden. Daraufhin erfolgt eine Besichtigung vor Ort durch die Sportjugend NRW. Nach positiver Beurteilung erhält die antragstellende Kindertagesstätte das Zertifikat „Anerkannter Bewegungskindergarten" und der kooperierende Sportverein die Anerkennung als „Kinderfreundlicher Sportverein". Anschließend finden mindestens einmal jährlich Kontroll- und Beratungsbesuche in der Einrichtung statt (Buchwald-Röser & Lehmann 2016).

In **Niedersachsen** verabschiedete der Landtag 2004 eine Entschließung mit dem Ziel,

* die grundlegende und intensive Bewegungserziehung als unverzichtbaren Bestandteil der Erziehung und Bildung in den Kindertagesstätten weiter auszubauen,
* dazu Ausbildungskonzepte für Übungsleitungen „Bewegung im Kindergarten" zu entwickeln und entsprechende Pilotprojekte durchzuführen,
* Konzepte zur Zusammenarbeit von Kindertagestätte und Sportverein zu entwickeln.

Unter Federführung des Niedersächsischen Kultusministeriums wurde die „Qualitätsoffensive Bewegungserziehung im Elementarbereich" gestartet. In diesem Zusammenhang wurde ein sogenanntes „Markenzeichen Bewegungskita" verliehen, das als Motivation, Anerkennung und Instrument dienen sollte, um Bewegung in Kindertagesstätten zu unterstützen und eine ganzheitliche Förderung der Gesamtpersönlichkeit und des Lernens aller Kinder durch Bewegung auszubauen.

Für die Kitas, die sich Bewegung als besonderen Schwerpunkt ihrer pädagogischen Arbeit wählen, entwickelte der „Qualitätszirkel Bewegungskita" ein Markenzeichen, das am Ende eines auf die jeweilige Kita zugeschnittenen Qualifizierungsprozesses verliehen werden kann. Dafür wurden:

* einheitliche Standards für Bewegungskindertagesstätten entwickelt,
* Weiterbildungsmaßnahmen für Erzieherinnen und Erzieher geplant sowie
* die fortlaufende Betreuung und Evaluation der Bewegungskindertagesstätten angestrebt.

Unter der Federführung des Kultusministeriums haben sich Fachexpertinnen und -experten aus dem Gemeindeunfallversicherungsverband, Elternverbänden, dem organisierten Sport, den Wohlfahrtsverbänden, den kommunalen Trägern und Universitäten zusammengeschlossen, um eine Qualitätsoffensive „Bewegungserziehung im Elementarbereich" in Kindergärten und Kindertagesstätten zu starten. Hier wurden Kriterien für ein „Markenzeichen" Bewegungskindergarten" aufgestellt, die ebenso eine Kooperation von Sportvereinen und Kindergärten vorsahen.

Im **Saarland** wurden Kooperationen zwischen Sportvereinen und Kindergärten im Stadtverband Saarbrücken durch das Pilotprojekt „Kindergarten-Kids in Bewegung – Kooperation Sportverein und Kindergarten" (KIB) vom Landessportverband unterstützt. Ziel dieser Initiative war es, die „Bewegungsfrühförderung" aufzuwerten, um damit einer Zunahme von motorischen Defiziten entgegenzuwirken. Gefördert wurde die Initiative vom Ministerium für Bildung. Im Jahr 2009 wurde „Kindergarten-Kids in Bewegung" zum beständigen Programm im gesamten Saarland. Es werden Kooperationen von Sportvereinen und Kindergärten gefördert. Ziel dieser Maßnahme ist die kindgerechte Förderung der konditionellen und koordinativen Fähigkeiten. Unter dem Motto „Gesunde Kinder werden gesunde Erwachsene" sollen Kinder vielseitige Körper- und Bewegungserfahrungen sammeln; damit soll den typischen Haltungs- und Bewegungsschwächen aufgrund eingeschränkter Bewegungsmöglichkeiten entgegengewirkt werden.

In **Schleswig-Holstein** werden Bewegungskindergärten ausgezeichnet, die durch ihr Konzept und ihre praktische Arbeit in den Bereichen pädagogische Konzeption, Kooperation mit Sportverein, Sicherheit, Qualifikation des Teams, Qualifikation und Konzept der Bewegungsangebote, Elternarbeit und Öffentlichkeitsarbeit überzeugen. Der Landessportbund und die Sportjugend Schleswig-Holstein haben hier gemeinsam mit dem Ministerium für Bildung und Kultur Schleswig-Holstein eine gemeinsame Erklärung zur Umsetzung von Kooperationen zwischen Vereinen und Schulen bzw. Kindertagesstätten abgegeben.

Der Landessportbund **Thüringen** verleiht an vorbildliche Kitas das Qualitätssiegel „Bewegungsfreundliche Kindertagesstätte Thüringen". Voraussetzung dafür sind die Erfüllung der Kriterien wie Kooperation „Kindertageseinrichtung und Sportverein" und das ausdrückliche Ziel, Kinder in ihrer physischen, psychischen und sozialen Entwicklung zu unterstützen.

In **Baden-Württemberg** können Kindertageseinrichtungen das LSV-Zertifikat „Bewegungsfreundlicher Kindergarten" erhalten, wenn bestimmte Qualitätskriterien erfüllt werden. Diese ähneln den vorgenannten, erfahren aber noch eine Ergänzung: Es muss der Nachweis von mindestens einer

Stunde Bewegung am Tag erbracht und die Bewegungsangebote müssen dokumentiert werden.

Lensing-Conrady (2019) erstellte einen **Leitfaden für eine Qualitätsentwicklung von Kindertagesstätten mit einem psychomotorischen Profil** und stellte dabei Betrachtungen der Qualitätsbereiche Team, Raum, Konzeption und Kommunikation in den Vordergrund. Dieser Leitfaden nimmt aus psychomotorischer Perspektive den gesamten Alltag der Kindertagesstätten in den Blick.

Die Zusammenstellung macht deutlich: Die Kriterien zur Vergabe des Gütesiegels sind unterschiedlich. Sie reichen von der Ausstattung mit Material und Räumen über die Qualifikationen der Erzieherinnen und Erzieher bis hin zur Einbeziehung des Themas Bewegung in die Zusammenarbeit mit Eltern. Dabei sind es in erster Linie äußere, überprüfbare Kriterien, die für die Vergabe eines Gütesiegels herangezogen werden (Schwarz 2017). Es geht weniger um das pädagogische Konzept, um die Einstellung und das Verhalten der pädagogischen Fachkräfte als vielmehr um das Einhalten bestimmter Anforderungen wie die Kooperation mit einem Sportverein oder die Anzahl der Bewegungsstunden pro Woche. Inwieweit Bewegung in der Kindertagesstätte „gelebt" wird, ob den Bewegungsbedürfnissen der Kinder tatsächlich ausreichend Raum gegeben wird, ist durch die Kriterien nicht ohne Weiteres zu ermitteln.

Für die Einschätzung der äußeren Rahmenbedingungen der Bewegungserziehung in einer Kindertagesstätte können die Kriterien gute Anhaltspunkte geben, ob diese dann aber auch wirklich optimal im Sinne einer ganzheitlichen Förderung der Kinder genutzt werden, hängt noch von weiteren wichtigen

Faktoren ab. Dazu gehören vor allem auch die Einstellungen der pädagogischen Fachkräfte zu Bewegung, ihre Bereitschaft, sich auf die Spiel- und Bewegungsbedürfnisse der Kinder einzulassen und ihnen im Alltag Raum zu geben.

6.5 Ergebnisse empirischer Studien

Zunehmend befassen sich auch Forschungsvorhaben mit der Evaluation von Bewegungskindergärten. Im Folgenden werden einige Ergebnisse aus Studien referiert, die die Aussagefähigkeit der Gütesiegel oder die Wirksamkeit der pädagogischen Arbeit in Bewegungskindergärten überprüft haben.

Jasmund (2009) untersuchte die Kriterien des Gütesiegels der Sportjugend Nordrhein-Westfalen auf ihre Gültigkeit als Unterscheidungsmerkmal zwischen den anerkannten Bewegungskindergärten und Kontrolleinrichtungen, die nicht über das Gütesiegel verfügten. Sie kam zu dem Ergebnis, dass der Besuch eines Bewegungskindergartens zwar mit signifikanten Zuwächsen in der motorischen und sozialen Entwicklung sowie im Selbstkonzept und im Spiel- und Bewegungsverhalten der Kinder einhergeht, dass jedoch keine signifikanten Unterschiede zur Kontrollgruppe bestehen. Jasmund stellte fest, dass der Qualifikationsstand der pädagogischen Fachkräfte einen positiven Einfluss nahm. Die erhobenen Kompetenzen aufseiten der Kinder fielen besser aus, wenn ein höheres Ausbildungsniveau aufseiten der Fachkräfte vorlag (Jasmund 2009).

Auch Schwarz (2017) befasste sich im Rahmen der Studie „BeBi“ (Bewegung und Bildung) mit den Qualitätseffekten von Bewegungskindergärten. Im Rahmen einer Längsschnittuntersuchung überprüfte er die Bereiche „Bewegung, Motorik und körperliche Aktivität“, „Kognition“, „Sozialverhalten“ und „Gesundheit“. Einbezogen wurden 24 Kindergärten aus Baden-Württemberg, dazu gehörten lizenzierte Bewegungskindergärten, Waldkindergärten und Regeleinrichtungen. Die Studie kam zu folgenden Ergebnissen: Bezüglich der motorischen Fähigkeiten (Schwerpunkt Koordination) verbesserten sich alle Kinder innerhalb eines Jahres um 47,6 Prozent. Hinsichtlich der Konzentration profitierten Jungen stärker von einem Besuch des Waldkindergartens. Bei der Messung der Impulskontrolle ergaben sich lediglich Unterschiede zwischen den Altersstufen. Im Hinblick auf das sozial-emotionale Verhalten lassen sich über den Untersuchungszeitraum hinweg Unterschiede zugunsten der Regel- und lizenzierten Kindergärten feststellen. Im Hinblick auf die intellektuellen Fähigkeiten unterschieden sich die Kindergarten-Typen nicht voneinander. Schwarz resümiert, dass es fast alle Kindergärten schaffen, in den untersuchten Variablen bei niedrigen Ausgangswerten der Kinder hohe Zuwächse zu erreichen. Dies sei jedoch kitaübergreifend – also nicht abhängig von einem bestimmten Kindergartentyp (Schwarz 2017).

Im Rahmen einer Längsschnittstudie befassten sich Machens, Keßel und Meermann (2021) mit entwicklungsfördernden Effekten von Kindergärten mit einem spezifischen Bewegungsprofil. Sie untersuchten, ob sich der motorische Entwicklungsstand von Kindern im Alter von fünf bis sechs Jahren während des Besuchs bewegungsfreudiger Kindergärten verbesserte. Hierzu wählten sie als Stichprobe 225 Kinder aus den KIB-Kindergärten in Berlin (Kinder in Bewegung GmbH) aus. Die Auswertung der Ergebnisse nach einer im Abstand von acht Monaten wiederholt vorgenommenen Messung der motorischen Leistungen mit dem Motorik-Test MOT 4–6 (Zimmer 2015b) ergab eine signifikante Zunahme der Testwerte. „Zeigt sich zum ersten Messzeitpunkt ein im Vergleich zur Norm geringerer durchschnittlicher Motorikquotient, liegt dieser zum zweiten Messzeitpunkt signifikant über dem Mittelwert der Norm“ (Keßel u.a. 2021, S. 33). Die Autoren der Studie sehen vor allem die in den KiB-Kindergärten kontinuierliche Weiterbildung des pädagogishen Personals zu den Themen Bewegung und Psychomotorik als einen der wichtigsten Bedingungsfaktoren für die nachgewiesenen Effekte.

6.6 Beobachten und Dokumentieren der Entwicklungsprozesse als Merkmal von Qualität

Die Beobachtung und Dokumentation kindlicher Bildungs- und Entwicklungsprozesse gehören zu den Kernaufgaben pädagogischer Fachkräfte. Auch alle Bildungspläne und -programme der Bundesländer sehen vor, dass jedes Kind in regelmäßigen Abständen beobachtet werden soll und dass dabei möglichst alle Bildungsbereiche und Aspekte der Entwicklung berücksichtigt werden.

Um die pädagogische Arbeit zu unterstützen sollten systematische Beobachtungsverfahren eingesetzt werden, die an den pädagogischen Alltag anknüpfen, die Reflexion und Planung des pädagogischen Handelns unterstützen und die auch als Grundlage für Entwicklungsgespräche mit den Eltern genutzt werden können (Viernickel & Völkel 2017).

Im Folgenden soll ein Beobachtungsverfahren vorgestellt werden, das sich aufgrund seiner theoretischen Grundlagen, seinem Verständnis von kindlicher Entwicklung als ganzheitlichem Prozess und seiner Sicht auf das

Kind gut für den Einsatz in einem Bewegungskindergarten eignet (Zimmer 2021a).

6.6.1 MotorikPlus – ein ganzheitlicher Ansatz der Beobachtung

„MotorikPlus" ist ein Verfahren zur Beobachtung und Dokumentation der motorischen und der sensorischen Kompetenzen von Kindern; zusätzlich werden jedoch auch – dafür steht das „Plus" – soziale, emotionale und kognitive Kompetenzen einbezogen. Dem zugrunde liegt die Auffassung von kindlicher Entwicklung als einem ganzheitlichen Prozess, in dem über Wahrnehmung und Bewegung gewonnene Erfahrungen die Grundlage für den Erwerb kognitiver Kompetenzen darstellen und eng verknüpft sind mit emotionalen und sozialen Kompetenzen (Zimmer 2021a).

Im Vordergrund von MotorikPlus steht der individuelle Prozess der Entwicklung der Kinder, es geht nicht um das Aufdecken spezifischer Entwicklungsbeeinträchtigungen (wie das bei vielen Entwicklungsscreenings der Fall ist). MotorikPlus soll vielmehr dazu beitragen, dass die individuellen Fähigkeiten und Interessen der Kinder bewusster beobachtet und wahrgenommen werden – mit dem Ziel, den Kindern möglichst viele Chancen zur Entfaltung ihrer individuellen Potenziale zu geben. MotorikPlus führt zu einem kompetenzorientierten Blick auf das Kind: Wo liegen seine Stärken, welche alltäglichen Herausforderungen kann es schon bewältigen, wo benötigt es noch Hilfe und Unterstützung?

Das Erleben der eigenen Kompetenz ist die Voraussetzung dafür, dass ein Kind sich weiter voranwagt, dass es sich auch mit neuen Anforderungen gerne auseinandersetzt, dass es bei auftretenden Schwierigkeiten zuversichtlich bleibt und bei Misserfolg nicht gleich aufgibt.

6.6.2 Ressourcenorientierte Sicht

Diese Sichtweise auf das Kind ist ausdrücklich ressourcenorientiert: Die Beobachtung dient dazu, bei jedem Kind die individuellen Ressourcen zu erkennen und damit die Bereiche zu identifizieren, in denen das Kind am besten seine Stärken entfalten kann. Dabei ist natürlich eingeschlossen, dass auch beobachtet werden soll, ob ein Kind zum Beispiel bestimmte Situationen und Angebote meidet, ob es sich etwa bei feinmotorischen Aktivitäten, beim Basteln und Malen eher großräumigen Bewegungsangeboten, der Bewegungsbaustelle oder der Bauecke zuwendet. Die pädagogische Fachkraft wird das Kind in solchen Situationen aufmerksam begleiten und herauszufinden versuchen, was die Beweggründe seines Verhaltens sind: Hat es zum Beispiel Angst vor möglichem Misserfolg oder hat es einfach nur besondere Vorlieben und Interessen?

Aufbauend auf den Beobachtungen kann die pädagogische Fachkraft Ziele für die pädagogische Arbeit formulieren. Sie kann Maßnahmen planen und dabei die individuellen Interessen der Kinder berücksichtigen.

6.6.3 Kontinuierliche Beobachtung und Dokumentation

MotorikPlus kann vom vollendeten ersten Lebensjahr bis zum Alter von 6;11 Jahren angewendet werden und ist damit sowohl im Krippenbereich, in der Kindertagespflege als auch im Kindergarten einsetzbar. Es liegen zwei Versionen vor: MotorikPlus U3 für Kinder von 1 bis 3;5 Jahren und MotorikPlus Ü3 für Kinder von 3 bis 6;11 Jahren. So kann die Entwicklung der Kinder über den gesamten Zeitraum ihres Besuchs einer Kindertageseinrichtung mit dem gleichen Verfahren beobachtet und dokumentiert werden.

Die Beobachtung erfolgt „begleitend" im pädagogischen Alltag mit dem Ziel, den Verlauf der Entwicklung eines Kindes kontinuierlich zu dokumentieren. Die Beobachtungsbögen sind so aufgebaut, dass sie über einen Zeitraum von jeweils drei Jahren angewendet werden können. Für jede Beobachtungsaufgabe sind drei entsprechende Eintragungsmöglichkeiten vorhanden – der Entwicklungsprozess kann somit bei jeder neuen Durchführung verfolgt werden. Bei jährlicher Beobachtung kann ein Bogen also drei Jahre lang verwendet werden.

Durch die wiederholte Beobachtung anhand von MotorikPlus kann der Entwicklungsprozess des Kindes kontinuierlich begleitet werden. So liefern die Beobachtungen mehr als nur eine Momentaufnahme der Kompetenzen innerhalb einer künstlich herbeigeführten Situation. Sie bilden Entwicklungsverläufe über eine längere Zeitspanne hinweg ab und verfolgen damit vor allem auch das Ziel, Bildungsprozesse des Kindes längerfristig zu begleiten und zu dokumentieren. Damit sind sie weniger auf das einmalige Resultat einer Messung und vielmehr auf die Erfassung des individuellen Entwicklungsprozesses ausgerichtet. Aus einer ressourcenorientierten Perspektive werden so die bereits erreichten Entwicklungsschritte sowie Entwicklungspotenziale abgebildet. Daraus lassen sich wiederum Schlüsse für die Umsetzung und Gestaltung des pädagogischen Alltags ziehen, um die kindliche Entwicklung zu unterstützen.

Grundbausteine des Verfahrens

Die folgende Übersicht stellt den Aufbau von MotorikPlus in Form von drei Grundbausteinen dar:

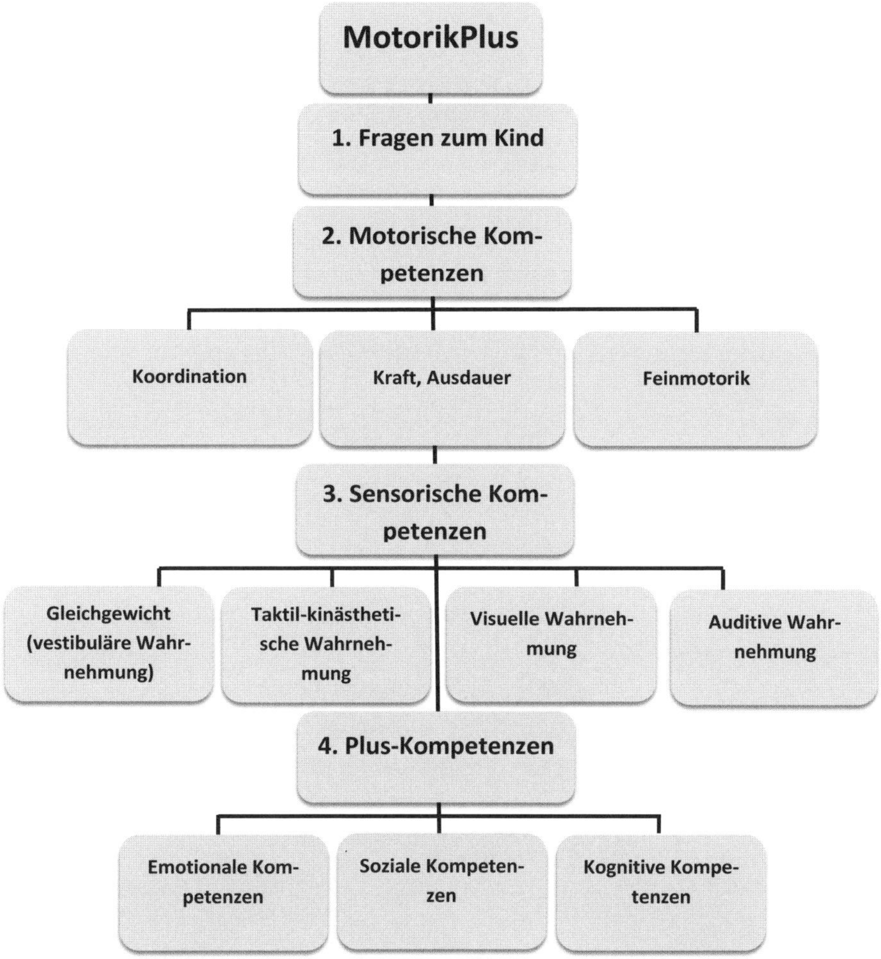

Im Rahmen der motorischen Kompetenzen werden die Bereiche Koordination, Kraft/Ausdauer und Feinmotorik in den Blick genommen. Bei den sensorischen Kompetenzen geht es um die vestibuläre Wahrnehmung, die taktil-kinästhetische, die visuelle und die auditive Wahrnehmung. Die sogenannten Plus-Kompetenzen sind auf die emotionale, soziale und kognitive Entwicklung ausgerichtet. Jede dieser Skalen enthält sechs bis neun Aufgaben, die einzelnen Skalen können auch getrennt beobachtet und ausgewertet werden.

MotorikPlus greift sowohl auf Beobachtungssituationen aus dem Alltag (z.B. Treppensteigen, Stift halten) als auch auf Situationen zurück, die von der pädagogischen Fachkraft begleitet oder vorgegeben werden. Im Rahmen der koordinativen Fähigkeiten ist eine der Aufgaben zum Beispiel, einen großen leichten Ball oder ein Kissen zu werfen. Bei der Beobachtung der kognitiven Fähigkeiten geht es etwa um die Handlungsplanung in Spielsituationen, bei den sozialen Kompetenzen um die Kooperationsfähigkeit. Die Aufgaben sind so angelegt, dass eine Beobachtung in authentischen, für das Kind sinnvollen Situationen des pädagogischen Alltags möglich ist. Auf eine künstliche „Test"-Situation wird verzichtet.

Die Beobachtungen können sowohl qualitativ (beschreibend) als auch quantitativ (rechnerisch) ausgewertet werden. Die qualitative Auswertung hat die Dokumentation des individuellen Entwicklungsverlaufs sowie die Ableitung von Maßnahmen zur Entwicklungsbegleitung im Blick. Die quantitative Auswertung ermöglicht die Einordnung der individuellen Ergebnisse eines Kinds in die durchschnittlichen Ergebnisse der entsprechenden Altersstufe. Die qualitative Auswertung steht bei MotorikPlus eindeutig im Vordergrund.

6.6.4 Ineinandergreifen von Beobachtung und Entwicklungsbegleitung

Das Besondere an MotorikPlus ist das unmittelbare Ineinandergreifen von Beobachtung und Entwicklungsbegleitung bzw. Entwicklungsförderung. Praktische Beispiele geben Hinweise für eine bewegungsanregende Gestaltung des pädagogischen Alltags; sie beinhalten sowohl Herausforderungen der Wahrnehmungsfähigkeit als auch der kognitiven, emotionalen und sozialen Kompetenzen.

So werden in dem Manual zur Anwendung von MotorikPlus auch Praxissituationen beschrieben, die sich einerseits für die Beobachtung der in den einzelnen Skalen enthaltenen Aufgaben eignen, die andererseits aber auch bereits für die Kinder anregende Spielsituationen bereithalten.

Auch für Elterngespräche und für Entwicklungsberichte sind die Beobachtungsbögen gut zu verwenden. Sie liefern detaillierte Beobachtungen, lenken den Blick auf die Potenziale des Kindes, zeigen aber auch auf, wo es gegebenenfalls noch Unterstützungsbedarf hat.

In der Erprobung von MotorikPlus empfanden die pädagogischen Fachkräfte den Einsatz hilfreich in Bezug auf eine differenzierte Dokumentation der kindlichen Entwicklung. So schilderten die Fachkräfte zum Beispiel, dass dadurch Stärken und Entwicklungspotenziale in verschiedenen Bereichen bewusster wahrgenommen werden. Sie berichteten, dass ihnen zwar viele Situationen aus dem Alltag vertraut waren, sie diese aber selten für eine strukturierte Beobachtung genutzt hätten.

6.6.5 Beitrag zur Qualitätssicherung

Der Einsatz von Beobachtungsverfahren ist bei der Angabe von Kriterien zur Beurteilung der Qualität von Kindertageseinrichtungen, die das Profil „Bewegungskindergarten“ erreichen wollen, nicht erwähnt. Dies ist verständlich, da es bisher kaum offiziell anerkannte Beoachtungsverfahren gab, die wissenschaftlich abgesichert und doch auch alltagstaugich sind und praxisnah in der pädagogischen Arbeit eingesetzt werden können.

Hier kann MotorikPlus eine Lücke füllen. Das Verfahren ist von seiner Konzeption und von seinem pädagogischen Anspruch her geeignet, die Entwicklungsprozesse der Kinder in einer Bewegungs-Kita kontinuierlich zu begleiten, Fortschritte zu dokumentieren, besondere Bedarfe der Kinder zu erkennen und kann somit auch zur „Ergebnisqualität“ beitragen.

Fazit

Bewegung schafft Möglichkeiten zur Begegnung – mit sich selbst, mit der materialen und sozialen Umwelt. Das pädagogische Konzept der Kindertageseinrichtung sollte daher auf dem Zusammenwirken von Bewegung, Wahrnehmung, Denken, Erleben und Handeln fußen. So trägt es zu einer vielseitigen, nachhaltigen Bildung des Kindes bei und berücksichtigt dabei auch seine Freude am heutigen Tag, am unmittelbaren Tun, am Spiel und an der Bewegung.

Jeder Kindergarten kann zum Bewegungskindergarten werden. Allein aufgrund seiner pädagogischen Konzeption, der besonderen Qualifikationen der pädagogischen Fachkräfte, der vielseitigen Bewegungsangebote, die Kinder hier vorfinden, der bewegungsfreundlichen Gestaltung der Räume kann sich eine Einrichtung das Profil „Bewegungskindergarten" geben. Eine Kooperation mit einem Sportverein ist hierzu nicht immer notwendig, erleichtert aber die Frage nach den räumlichen Ressourcen und bietet Chancen für weitere Zusammenarbeit. Ein Zertifikat ist eine Auszeichnung und Anerkennung durch Institutionen, die sich für eine Verbesserung der Bewegungsmöglichkeiten in Kindertagesstätten einsetzen; letztlich müssen aber die pädagogischen Fachkräfte selbst die Verantwortung dafür übernehmen, welchen Bewegungsraum sie Kindern in ihrer Einrichtung geben, wie ernst sie deren Bedürfnis nach körperlich-sinnlicher Weltaneignung nehmen und in welcher Weise sie das Bildungspotenzial von Bewegung nutzen.

Literatur

Ayres, A.J. (2013): Bausteine der kindlichen Entwicklung. Berlin: Springer.

Balster, K. & Beckmann, W. (1998): Sportorganisationen als Träger von Bewegungskindergärten. Ein Leitfaden der Sportjugend. Duisburg.

Bayrisches Staatsministerium für Arbeit und Sozialordnung, Familie und Frauen & Staatsinstitut für Frühpädagogik München (2016): Der bayrische Bildungs- und Erziehungsplan für Kinder in Tageseinrichtungen bis zur Einschulung. Berlin: Cornelsen.

Becker-Stoll, F. & Wertfein, M. (2013): Qualitätsmessung und Qualitätsentwicklung in Kindertageseinrichtungen. In: M. Stamm & D. Edelmann (Hrsg.): Handbuch frühkindliche Bildungsforschung. Wiesbaden: Springer.

Beins, H. & Cox, S. (2001): „Die spielen ja nur!?" Psychomotorik in der Kindergartenpraxis. Dortmund: Borgmann.

Bender, S.; Martzy, F. & Schache S. (2013): Psychomotorik – Arbeiten mit Kindern von 0 bis 3 Jahren. Köln: Bildungsverlag Eins.

Beudels, W. (2010): Plädoyer für eine kindgemäße frühe Bildung. In W. Beudels, N. Kleinz & S. Schönrade (Hrsg.): Bildungsbuch Kindergarten. Dortmund: Borgmann, S. 15–32.

Bös, K. (2003): Motorische Leistungsfähigkeit von Kindern und Jugendlichen. In: W. Schmidt, I. Hartmann-Tews & W.-D. Brettschneider (Hrsg.): Erster Deutscher Kinder und Jugendsportbericht (2. Auflage). Schorndorf: Hofmann, S. 85–107.

Buchwald-Röser, A. & Lehmann, B. (2016): Gütesiegel Anerkannter Bewegungskindergarten des Landessportbundes Nordrhein-Westfalen e.V. Duisburg.

Deutsche Sportjugend (1975): Zur Situation der Bewegungserziehung in Kindergarten und Verein. Frankfurt am Main: Eigenverlag.

Diem, L. (1980): Spiel und Sport im Kindergarten. München: Kösel.

Donabedian, A. (1980): Explorations in Quality Assessment and Monitoring. The Definition of Quality and Approaches to ist Assessment (Vol.1). Michigan: Health Adminstration Press.

Fischer, K. (2019): Einführung in die Psychomotorik. München: Reinhardt.

Fthenakis, W.E. (Hrsg.) (2011): Elementarpädagogik nach Pisa. Wie aus Kindertagesstätten Bildungseinrichtungen werden. Freiburg: Herder.

Graf, C. (2017): Bewegung im Kindes- und Jugenalter. In: R. Zimmer & I. Hunger (Hrsg.): Gut starten. Bewegung – Entwicklung – Diversität. Schorndorf: Hofmann, S. 184–191.

Groot-Wilken, B. (2015): Konzeptionsentwicklung in der Kita. Freiburg: Herder.

Hasemann, K. (2004): Ordnen, Zählen, Experimentieren. Mathematische Bildung im Kindergarten. In: S. Weber (Hrsg.): Die Bildungsbereiche im Kindergarten. Freiburg: Herder, S. 181–205.

Hunger, I. & Zimmer, R. (Hrsg.) (2012): Frühe Kindheit in Bewegung. Entwicklungspotentiale nutzen. Schorndorf: Hofmann.

Jasmund, C.I. (2009): Evaluation bewegungspädagogischer Arbeit. Zum Einfluss motorischer Förderung auf die ganzheitliche Persönlichkeitsentwicklung von Kindern. Berlin: Rabenstück.

Jugendministerkonferenz (JMK) (2004): Gemeinsamer Rahmen der Länder für die frühe Bildung in Kindertageseirichtungen. Verfügbar unter: www.kmk.org/doc/becshl/RahmenBildungKita.pdf.

Kaiser, A. & Zimmer, R. (2015): Bewegter Sachunterricht. Baltmannsweiler: Schneider.

Krenz, A. (2008). Konzeptionsentwicklung in Kindertagesstätten. Professionell, konkret, quaitätsorientiert. Köln: Bildungsverlag Eins.

Krombholz, H. (2005): Bewegungsförderung im Kindergarten. Ein Modellversuch. Schorndorf: Hofmann.

Kultusministerium des Freistaates Thüringen (2008): Bildungsplan für Kinder bis 10 Jahr. Berlin: verlag das netz.

Lensing-Conracy, R. (2015): Mathe bewegt. Vom Körperraum zum Zahlenraum. Dortmund: modernes lernen.

Lensing-Conrady, R. (2019): Die psychomotorische Kindertagesstätte. Leitfaden zur Zertifizierung als „Anerkannte psychomotorische Kita“. Dortmund: modernes lernen.

Machens, C.; Keßel, P. & Meermann, D. (2021): Der Einfluss von Bewegungskindergärten auf die motorische Entwicklung von Kindern. Motorik, 44 (1), 29–36.

Madeira Firmino, N. (2015): Bewegungsorientierte Sprachbildung und -förderung in der frühen Kindheit. Bad Heilbrunn: Klinkhardt.

Marona, A. (1994): Sitzkindergarten? Bewegungskindergarten! In: R. Zimmer & H. Cicurs (Hrsg.): Kinder brauchen Bewgeung – Brauchen Kinder Sport? Aachen: Meyer & Meyer, S. 133–135.

Miklitz, I. (2011): Der Waldkindergarten. Dimensionen eines pädagogischen Ansatzes. Berlin: Cornelsen.

Miedzinski, K. & Fischer, K. (2009): Die neue Bewegungsbaustelle: Lernen mit Kopf, Herz, Hand und Fuß – Modell bewegungsorientierter Entwicklungsförderung. Dortmund: modernes lernen.

Ministerium für Familie, Kinder, Jugend, Kultur und Sport des Landes Nordrhein-Westfalen & Ministerium für Schule und Weiterbildung des Landes Nordrhein-Westfalen (2016): Bildungsgrundsätze für Kinder von 0 bis 10 Jahren. Freiburg: Herder.

Ministerium für Kultus, Familie und Sport Baden-Württemberg (2011): Orientierungsplan für Bildung und Erziehung in baden-württembergischen Kindergärten und weiteren Kindertageseinrichtungen. Freiburg: Herder.

Nentwig-Gesemann, I.; Walther, B. & Thedinga, M. (2017): Kita-Qualität aus Kindersicht. Berlin: Deutsche Kinder- und Jugendstiftung.

Pfeffer, S. (2017): Sozial-emotionale Entwicklung fördern. Freiburg: Herder.

Roth, K. & Zimmer, R. (2017): Das Motorik-ABC. Bewegungs- und Sprachförderung in der Kita. Berlin: Cornelsen

Rütten, A. & Pfeiffer, K. (Hrsg.) (2016): Nationale Empfehlungen für Bewegung und Bewegungsförderung. Erlangen-Nürnberg: FAU.

Schaffner, K. (2004): Der Bewegungskindergarten. Schorndorf: Hofmann.

Schmidt, W. (1997): Veränderte Kindheit – Veränderte Bewegungswelt: Analysen und Befunde. Sportwissenschaft, 27 (2), 143–160.

Schwarz, R. (2014): Frühe Bewegungserziehung. München: Reinhardt.

Schwarz, R. (2017): Bewegung und Bildung im Kindergarten – Die BeBi-Studie. Qualitätseffekte von Bewegungskindergärten im empirischen Vergleich. Schorndorf: Hofmann.

Senatsverwaltung für Bildung, Jugend und Wissenschaft (2014): Berliner Bildungsprogramm für Kitas und Kindertagespflege. Berlin: verlag das netz.

Spitzer, M. (2012): Geist in Bewegung – Gehirnforschung zur ganzheitlichen Entwicklung von Körper und Geist. In: I. Hunger & R. Zimmer (Hrsg.): Frühe Kindheit in Bewegung. Entwicklungspotenziale nutzen. Schorndorf: Hofmann, S. 18–41.

Tietze, W.; Bolz, M.; Grenner, K,: Schlecht, D. & Wellner, B. (2007): Krippen-Skala. Feststellung und Unterstützung pädagogischer Qualität in Krippen. Berlin: Cornelsen.

Tietze, W. & Viernickel, S. (Hrsg.) (2016): Pädagogische Qualität in Tageseinrichtungen für Kinder. Berlin: verlag das netz.

Ungerer-Röhrich, U. (2011): Bewegungsförderung. Angebote und Projekte. Freiburg: Herder.

Ungerer-Röhrich, U.; Popp, V. & Quante, S. (2015): Bildung durch Bewegung. Kita-Kinder ganzheitlich in ihrer Entwicklung fördern. Berlin: Cornelsen.

Viernickel, S. & Völkel, P. (2017): Beobachten und Dokumentieren im pädagogischen Alltag. Freiburg: Herder.

Völker, K. (2008): Wie Bewegung und Sport zur Gesundheit beitragen – Tracking-Pfade von Bewegung und Sport zur Gesundheit. In W. Schmidt (Hrsg.): Zweiter deutscher Kinder- und Jugendsportbericht. Schorndorf: Hofmann, S. 89–106.

Voss, A. (Hrsg.) (2019): Bewegung und Sport in der Kindheitspädagogik. Stuttgart: Kohlhammer.

WHO – World Health Organization (2019): Guidelines on physical activity, sedentary behaviour and sleep for children under 5 years of age. Verfügbar unter: www.who.int/news-room/detail/24-04-2019-togrow-up-healthy-children-need-to-sit-less-and-play-more.

Winter, R. & Hartmann, C. (2015): Die motorische Entwicklung des Menschen von der Geburt bis ins hohe Alter. In: K. Meinel & G. Schnabel (Hrsg.): Bewegungslehre und Sportmotorik. München: Meyer & Meyer.

Zimmer, R. (2006): Alles über den Bewegungskindergarten. Freiburg: Herder.

Zimmer, R. (2011): Vom Greifen zum Begreifen: Entwicklungsförderung durch Bewegung. Freiburg: Herder.

Zimmer, R. (Hrsg.) (2012): Psychomotorik für Kinder unter drei Jahren. Entwicklungsförderung durch Bewegung. Freiburg: Herder.

Zimmer, R. (2013a): Konrad Känguru und Rita Rennmaus. Integrierte Förderung von Bewegung, Sprache und Literacy. Oberusel: Finken.

Zimmer, R. (2013b): Sport und Spiel im Kindergarten. Aachen: Meyer & Meyer.

Zimmer, R. (2014): Krippenkinder – Bewegungslandschaften. Freiburg: Herder.

Zimmer, R. (2015a): MOT 4–6. Motoriktest für vier- bis sechsjährige Kinder. Göttingen: Hogrefe.

Zimmer, R. (Hrsg.) (2015b): Bewegung, Körperfahrung und Gesundheit. Bildungsjorurnal Frühe Kindheit. Berlin: Cornelsen.

Zimmer, R. (2017): Bewegung bildet! Wie Entwicklungspotenziale von Kindern unterstützt und elementare Kompetenzen gestärkt werden können. In: R. Zimmer & I. Hunger (Hrsg.): Gut starten. Bewegung – Entwicklung – Diversität. Schorndorf: Hofmann, S. 25–38.

Zimmer, R. (2018): Wilde Spiele zum Austoben. Durch Bewegung zur Ruhe kommen. Freiburg: Herder.

Zimmer, R. (2019a): Handbuch Sinneswahrnehmung. Grundlagen einer ganzheitlichen Bildung und Erziehung. Freiburg: Herder.

Zimmer, R. (2019b): Handbuch Sprache und Bewegung. Alltagsintegrierte Sprachbildung in der Kita. Freiburg: Herder.

Zimmer, R. (2019c): Handbuch Psychomotorik. Theorie und Praxis der psychomotorischen Förderung. Freiburg: Herder.

Zimmer, R. (2019d): BaSiK -- Begleitende alltagsintegrierte Sprachentwicklungsbeobachtung in Kindertageseinrichtungen (3. Auflage). Freiburg: Herder.

Zimmer, R. (2020): Handbuch Bewegungserziehung. Grundlagen für Ausbildung und pädagogische Praxis. Freiburg: Herder.

Zimmer, R. (2021a): MotorikPlus. Beobachtung psychomotorischer Kompetenzen von Kindern im Alltag von Kindertageseinrichtungen. Freiburg: Herder.

Zimmer, R. (2021b). Eine kleine Ballgrammatik. Spielerische Zugänge zur Sprache. Freiburg: Herder.

Zimmer, R. (2021c): Bewegung erleben in der Krippe. Freiburg: Herder.

Zimmer, R. (2021d): Bewegung erleben in der Kita. Freiburg: Herder.

Psychomotorische Kompetenzen dokumentieren

Renate Zimmer
MotorikPlus [Manual]
Beobachtung motorischer, sensorischer, emotionaler, sozialer und kognitiverKompetenzen von Kindern im Alltag von Kindertageseinrichtungen.
120 Seiten I Kartoniert
ISBN 978-3-451-39413-3

MotorikPlus ist ein neu entwickeltes Verfahren zur Beobachtung und Dokumentation der motorischen sowie („Plus") der sensorischen, sozialen, emotionalen und kognitiven Entwicklungsprozesse von Kindern im Alter von 1-6 Jahren in Kindertageseinrichtungen. Neben quantitativen und qualitativen Erkenntnissen soll MotorikPlus auch dazu beitragen, den Blick für die Möglichkeiten zur Unterstützung und Förderung der kindlichen Kompetenzen zu schärfen. Entsprechende Spiel- und Bewegungsanregungen werden aufgezeigt.

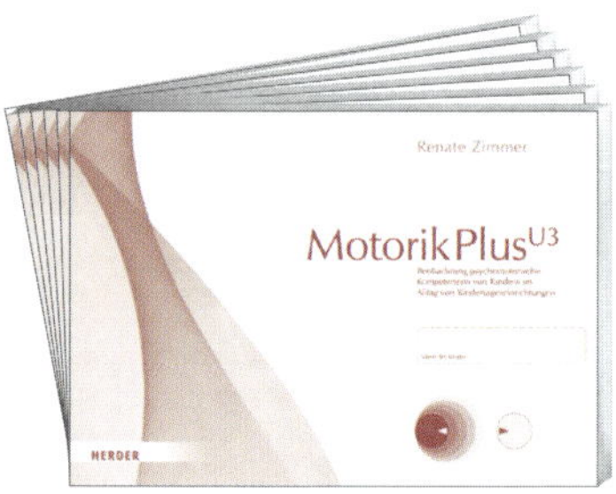

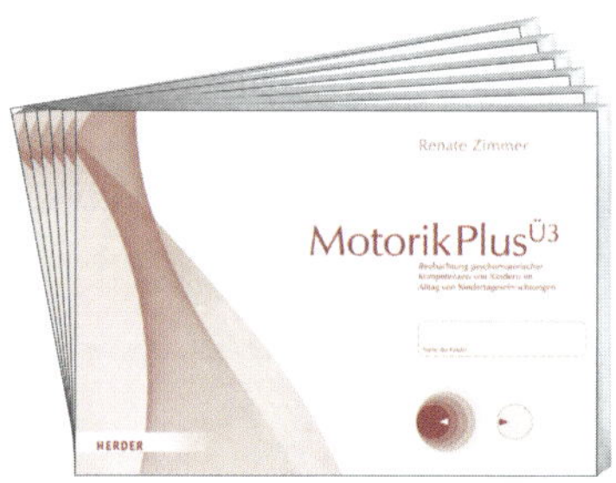

Renate Zimmer
MotorikPlus U3 [10 Bogen]
Version für Kinder im Alter von 1;0 bis 3;5 Jahren.
20 Seiten | 10 Bogen geheftet
ISBN 978-3-451-38413-4

Renate Zimmer
MotorikPlus Ü3 [10 Bogen]
Version für Kinder im Alter von 3;0 bis 6;11 Jahren.
20 Seiten | 10 Bogen geheftet
ISBN 978-3-451-39063-0

In jeder Buchhandlung!

HERDER

www.herder.de